기능분석치료

인지행동치료 스펙트럼 시리즈 ▌COGNITIVE BEHAVIOR THERAPIES 07

기능분석치료

Mavis Tsai · Robert J. Kohlenberg
Jonathan W. Kanter · Gareth I. Holman · Mary P. Loudon 공저
하승수 역

학지사

▬
발간사

    인지행동치료(Cognitive Behavior Therapies)는 견고한 이론적 기반과 풍성한 치료적 전략을 갖추고 있는 과학적으로 검증된 심리치료 체계다. 이론적으로 인지행동치료는 비록 모든 사람이 타당성이 결여된 비논리적인 생각 혹은 유용성이 부족한 부적응적인 생각을 품을 때가 있지만 특히 심리장애를 지니고 있는 내담자의 경우에는 왜곡된 자동적 사고가 뒤따르는 감정과 행동과 대인관계에 미치는 역기능이 현저하기 때문에 문제가 된다고 가정한다. 치료적으로 인지행동치료는 구체적인 문제 분석, 지속적인 자기관찰, 객관적인 현실 검증, 구조화된 기술 훈련 등을 통해 내담자가 자신의 마음을 바라보고 따져 보고 바꾸고 다지도록 안내하는 일련의 과정으로 진행된다. 인지행동치료자는 내담자가 구성한 주관적 현실을 검증해 볼 만한 하나의 가설로 받아들인 뒤, 협력적 경험주의에 근거하여 내담자와 함께 그 가설의 타당성과 유용성을 검토하는 정교한 작업을 수행한다.

인지행동치료는 발전을 거듭하고 있다. 인지행동치료는 정신병리의 발생 원인과 개입 방향을 전반적으로 설명하는 총론뿐만 아니라 심리장애의 하위 유형에 따라서 구체적으로 변용하는 각론을 제공하기 때문에 임상적 적응증이 광범위하다. 아울러 인지의 구조를 세분화하여 자동적 사고 수준, 역기능적 도식 수준, 상위인지 수준에서 차별적으로 개입할 수 있는 위계적 조망을 제시하기 때문에 임상적 실용성이 향상되었다. 또한 변화와 수용의 변증법적 긴장과 균형을 강조하는 현대 심리치료의 흐름을 반영하는 혁신적 관점을 채택하기 때문에 임상적 유연성이 확보되었다. 다만, 이렇게 진화하는 과정에서 인지행동치료를 협의가 아닌 광의로 정의할 필요가 발생했는데, 이것이 서두에서 인지행동치료의 영문 명칭을 단수가 아닌 복수로 표기한 까닭이다. 요컨대, 현재 시점에서 인지행동치료를 제대로 정의하기 위해서는 내용과 맥락이 모두 확장된 스펙트럼으로 간주하는 것이 바람직하다.

이번에 출간하는 인지행동치료 스펙트럼 시리즈는 전술한 흐름을 적절히 반영하고 있다. 독자 입장에서는 인지행동치료의 대명사인 Beck(인지치료)과 Ellis(합리적 정서행동치료)의 모형, 성격장애 치료에 적합하게 변형된 Young(심리도식치료)과 Linehan(변증법적 행동치료)의 모형, 제3세대 인지행동치료로 불리는 Hayes(수용마음챙김치료)의 모형 등의 공통점과 차이점을 이론적 및 실제적 측면에서 세밀하게 조명할 수 있는 기회가 될 것이다. 아울러 메타인지치료, 행동분석치료, 행동촉진치료, 자비중심치료, 마음챙김 인지치료, 구성주의치료 등 각각이 더 강조하고 있거나 덜 주목하고 있는 영역을 변별함으로써 임상 장면에서 만나는 다양한 내담자에게 가장 유익한 관점과 전략을 채택하는 데 도움이 되리라 여겨진다. "Beck은 현실에 맞도록 이론을 변화시키려는 경향이 강했다."라는 동료들의 전언이 사실이고, 인지행동치료의 기본 전제를 수용하면서 통합적 개입을 추구하는 심리치료자라면, 인지행동치료 스펙트럼 시리즈에 관심을 보일 만하다.

인지행동치료 스펙트럼 시리즈 역자 대표

유성진

역자 서문

상담실을 찾은 내담자들 가운데 자신의 인간관계와 관련된 어려움을 호소하는 사례가 적지 않다. 이상행동의 판별 기준을 살펴보면, 다양한 심리장애의 공통된 진단 기준 가운데 하나로 '역기능적 인간관계'가 포함되어 있기에 충분히 이해되는 측면이 있다. 이 책은 그런 면에서 심리치료자들에게 많은 도움을 줄 수 있다고 여겨진다. 왜냐하면 기능분석치료(Functional Analytic Psychotherapy)에서는 상담실에서의 치료자-내담자 관계를 그들 내담자 삶의 실제 관계 양상과 동일한 것으로 간주하고, 그들의 역기능적 인간관계를 개선할 수 있는 합리적인 치료 근거와 실제적인 치료방법을 제공하기 때문이다.

상담 장면에서의 실제 관계 양상을 근거로 내담자의 문제행동과 목표행동을 분석하는 과정은 '생생하다'는 점에서 큰 이점을 지닌다. 내담자가 상담실에서 실제로 보여 준 행동은 여러 회기에 걸친 내담자의 언어적 보고보다 더욱 의미 있는 평가 자료일 수 있으며, 그 내담자 삶에서 농축된 '강화의 역사'를 들여다볼 수 있는 생생한 증거가 된다. 이 책에서는 실제 기능분석치료에서 사용할 수 있는 다섯 가지 규칙을 바탕으로 상세한 과정을 소개하고 있다.

또한 이 책에서 소개하는 기능분석치료는 독립된 치료법일 뿐만 아니라 다른 치료법에 부가해서 사용할 수 있다는 장점을 지닌다. 특히 책 내용에는 실제 사례 속에서 직접 적용 가능한 구체적인 축어록 내용을 포함하고 있으며, 다양한 이론적 접근을 지닌 치료자들이 자신만의 관점에서 수정하여 사용할 수 있는 예시를 다수 소개하고 있다. 다른 치료 기법들에 대한 개방성을 장점으로 가지고 있는 기능분석치료의 진면목을 살펴볼 수 있는 부분이기도 하다.

인지행동치료를 기반으로 한 다양한 심리치료 개입법에 관심을 가지고 있는 심리치료자 혹은 심리상담 전문가의 꿈을 지닌 심리학도 그리고 최신 행동치료를 배우고 실제 치료에서 활용하려는 정신건강 관련 종사자 분들께서 읽고 참고할 만한 책이다. 특히 내담자의 부적응적인 인간관계 문제를 분석하고, 개선된 인간관계 양상을 내담자의 상담실 밖 장면에서 적용할 수 있도록 도와줄 수 있는 증거기반 치료법에 관심을 가지고 있는 독자라면 이 책이 좋은 선택이 될 수 있다. 상담실에서 치료자가 내담자에게 주는 영향력(강화의 측면)의 중요성을 새삼 깨닫는 소중한 기회가 될 수 있으며, 그로 인해 상담의 회기 속에서 치료자-내담자 관계의 역동적인 상호작용을 이해하는 데 도움이 될 수 있기를 기대한다.

 끝으로 인지행동치료 스펙트럼 시리즈의 출판을 맡아서 격려와 지지를 보내 주신 학지사 김진환 사장님께 감사드리며, 좋은 책을 위해 지속적인 교정 작업을 담당해 주신 편집담당 김순호 선생님께 감사함을 전한다.

2018년 10월
하승수

─ 서 문

기능분석치료(Functional Analytic Psychotherapy)란 치료적 관계의 힘을 활용하고 치료자의 진솔성, 영향력, 공감, 효율성을 극대화하려는 경험적 원칙에 기반을 둔 행동주의적 접근법이다. 기능분석치료자의 관점에 따르면, 각각의 내담자는 자신의 강화 역사 속에서 뿌리 깊은 문화적, 사회적, 세대적 경험을 지속하며 기쁨과 슬픔, 꿈과 희망, 열정과 취약성, 특별한 재능과 능력을 포함한 복합적인 삶의 요소를 담고 있는 작은 문화 그 자체이다. 행동주의적으로 정의된 관점에서 보면, 기능분석치료자가 잘 알아차리고 대담하게 수행하고 치료적으로 사랑해 주는 능력은 내담자의 개선을 이끌기 위한 치료적 결속의 기반을 쌓아올리는 과정으로 간주할 수 있다.

치료적 관계를 강조하는 것이 기능분석치료에만 특화된 것은 아니다. 치료적 관계에 대한 강조는 모든 인지행동치료(Cognitive Behavioral Therapy)에서 주장되는 것이며, 단지 기능분석치료에서 보여 주는 것처럼 핵심적 역할로서 강조하지 않을 뿐이다. 치료적 관계에 대한 개념들 사이에 차이점이 존재한다는 점을 아무도 지적하지 않는 것이 문제라고 할 수 있으며, 그 미묘한 차이 및 개념적 정의의 역사는 Sigmund Freud까지 역사를 거슬러 올라간다. 이것들의 복잡한 양상과 흔히 존재하는 뿌리 깊은 선입견을 고려해 볼 때, 우리의 목표는 기능분석치료의 관점을 간결하게 제시하면서 기존의 개념들과 명료하게 구분 짓는 것이다. 따라서 이 책은 정밀한 행동주의 관점에서 치료적 관계의 힘을 강조하는 기능분석치료의 핵심적인 원칙들, 기법들, 전망에 대해 짧은 30개의 장으로 구성해서 제시하고 있으며, 모든 인지행동치료의 치료법을 증진시켜 줄 수 있는 유연하고, 공감적이며, 친밀하고, 강력한 치료적 관계로 이끌어 줄 수 있다. 이 책의 장들은 모든 독자로 하여금 명료한 이해를 극대화할 수 있도록 정리되었으며, 행동주의적 배경지식이 없는 독자, 기능분석치료의 기법들을 자신의 현재 치료 작업에 추가하려는 독자, 이미 기능분석치료에 익숙하고 자신의 전문성을 넓히려는 독자 모두에게 해당될 수 있다.

이 책의 제1부에서는 기능분석치료의 역사를 개관하고 기능분석치료가 기반을 두고 있는 기본적인 행동주의 원칙을 소개한다. 변화를 위한 기제로서 견고한 경험적 지지를 받고 있는 '수반된 강화'라는 개념에 근거하여 변화의 핵심적 역할을 담당하는 내담자-치료자 관계를 설명하면서 강화와 관련된 일반적인 오해(예를 들어, 강화를 주기 위해서 "아주 좋아요." 등의 치료자 반응이나 다른 인위적인 반응이 필요하다는 생각 등)를 지적하기도 한

다. 그리고 이러한 인위적인 반응 대신에 치료자–내담자의 상호
작용 속에서 강화가 자연스럽게 발생하는 과정(흔히 임상적으로
관련된 행동들을 알아차리는 과정)을 보여 준다. 내담자의 개선된
행동을 자연스럽게 강화할 수 있도록 치료자가 스스로 어떠한 태
도를 보여야 하는지 분명한 용어로 설명해 준다. 다소 예상 밖일
수도 있지만 "치료적으로 사랑하기"라고 우리가 명명한 자연스
러운 강화의 한 측면에 대해서도 논의를 하게 될 것이며, 이 용어
가 거의 모든 종류의 치료에서 어떻게 적용될 수 있고, 얼마나 유
용할 수 있는지 다루게 된다.

제2부에서는 기능분석치료의 기법과 규칙을 단계적으로 적용
하는 과정을 보여 준다. 각각의 규칙과 기법은 그것의 의도된 기
능의 관점에서 설명되며, 따라서 치료자에게 그 기법의 단순한
묘사를 소개하는 것이 아니라 언제, 어떻게 각각의 것을 사용할
수 있는지 간결한 설명을 제공하며, 각각의 기법을 기저의 이론
과 분명하게 연결해서 설명한다.

행동주의적 접근의 이점 가운데 하나는 그것의 개념들이 잘 정
의되어 있고, 따라서 명료하게 이해될 수 있다는 점이다. 그럼에
도 불구하고 행동주의에 대한 오해가 적지 않고 그래서 많은 치료
자의 경우 행동주의적 접근에 대해 협소하고 기계적인 관점이라
는 오해를 갖기도 한다. 또한 때때로 행동주의적 기법들은 너무
단순해서 복잡한 양상을 다루기 어렵다고 여겨 왔다. 이 책에서는
행동주의 이론과 기능분석치료 기법이 지닌 목표를 분명히 보여
주고 그것들이 어떻게 깊고 강렬한 치료적 관계로 이어질 수 있는

지에 대해 설명하고 있으며, 이러한 접근법의 유용성을 실용적인 실례들(단순한 사례와 복잡한 사례 모두)을 통해 보여 주고 있다.

모든 치료적 접근에서 치료자로 하여금 목표를 이룰 수 있도록 도와주는 치료적 관계의 중요성을 고려해 볼 때, 이 책은 지금-여기에서의 치료적 상호작용을 심화시키는 방법에 대해 실제적인 제안들을 담고 있다. 통합적인 치료방법을 사용하는 치료자의 관점과 마찬가지로 현재 사용 중인 인지행동치료의 치료 과정에서 기능분석치료의 개념을 사용할 수 있도록 구체적인 지침이 제공되는데, 이를 통해 친밀감, 자아의 문제, 애착 등과 같은 다양한 범주의 중요한 임상적 이슈를 다룰 수 있도록 도움을 준다.

기능분석치료는 현재 주목받고 있으며, 새로운 관점의 목표들로 가득차 있다. 최근의 연구 결과들에 따르면 기능분석치료의 변화 기제는 유효하며 내담자들에게서 뚜렷한 변화를 이끌어 낼 수 있다. 기능분석치료의 수련과 워크숍을 통해 치료자의 행동에 있어서 분명하고 지속적인 변화를 만들어 낼 수 있으며, 그로 인해 기능분석치료의 새로운 내용에 대해 상당한 관심과 흥미를 불러일으켰다. 향후 수년에 걸쳐 계획되어 있는 더욱 많은 연구와 수련을 통해 그 결과들이 주목을 받음에 따라 기능분석치료에 대한 관심이 폭발적으로 증가할 것을 예상하고 있다. 현재의 치료적 지향점과 관계없이, 심리치료자로서 어느 위치에 해당되는지와 관계없이, 이 책에 실려 있는 제안과 정보들이 독자들을 지적으로 고취시키고, 치료적 관계를 특별하고 잊지 못할 경험으로까지 촉진시켜 줄 것을 기대한다.

차 례

1부

기능분석치료의 이론적인 특징

2부

기능분석치료의 실제적인 요소

1부

기능분석치료의 이론적인 특징

01

기능분석치료의 역사적인 근원

기능분석치료(FAP)의 발생은 다음의 세 가지 내용과 관련된다.

첫째, 다수의 심리치료자가 놀랍고 경이로운 결과물을 보고한다. 표준적 절차에 따른 매뉴얼에 따라 진행한 경우에도 우리 내담자의 몇몇은 DSM(정신장애의 진단 및 통계 편람 제IV판, APA, 2000)에 의해 정의된 장애로부터 증상 완화 및 경감에 있어서 의도된 목표에 비해 월등한 결과물을 보였다. 우리는 이러한 보고를 "이례적으로 우수한 성과"로 지칭한다. 실증적으로 지지되는 치료법을 중시하는 현재의 치료자들은 대부분의 내담자에게 도움을 준다. 그러나 우리가 말하고자 하는 것은 이처럼 흔한 "우수한" 결과물을 뛰어넘는 것이다. (물론 대부분의 내담자에게 도움이 되었지만, 이러한 이례적인 훌륭한 성과의 반대 측면을 살펴보면 똑같은 치료법을 적용했음에도 이상하게 성공적이지 못한 내담자들이 있다.)

둘째, 이례적으로 우수한 성과는 부정기적으로 발생하며, 다른 내담자들에게도 일관성 있고 합리적인 방식으로 적용될 수 있는 구체적인 원인을 치료자의 입장에서 밝히기 어려운 측면이 있다. 만약에 우리가 그 원인을 밝힐 수 있게 된다면, 우리는 좀 더 자주 이례적으로 우수한 결과물을 획득할 수 있을 것이다. 몇몇 치료자가 다른 치료자들보다 더 빈번히 이례적으로 우수한 성과를 얻는 것을 볼 때, 물론 여기에는 큰 개인차가 존재한다. 예를 들어, 저자 Kohlenberg는 우수한 치료 효과를 보이는 경쟁력 있는 CBT(인지행동치료) 치료자로 자신을 평가한다. 그러나 기능분석치료 이전의 10년간 그의 경력에서 그는 대략 6번의 이례적으로 우수한 성과를 보인 바 있다. 반면 저자 Tsai의 경우, 그녀가 사용한 치료 모델과 관계없이 그녀의 내담자들 대부분은 그처럼 우수한 성과 수준까지 빈번히 도달했다. 치료자 간 개인차가 있는 것과 마찬가지로 내담자 간 개인차도 결과물에 영향을 미친다. 우리가 지칭하고 있는 이례적으로 우수한 성과란 내담자 변인으로 인한 것을 넘어서는 결과를 의미한다.

셋째, 이러한 예외적인 사례들에서 다른 점이 무엇인지에 대한 우리의 경험과 동료들의 인터뷰를 통해 예외적인 사례들의 공통점이 제기된다. 치료자와 내담자 사이에서의 열정, 관여, 빈번히 이루어지는 교감이 이례적인 사례를 만들고, 잊지 못할 치료 경험을 만들어 낸다. 치료자와 내담자 사이의 관계에는 특별한 무언가가 존재했다. 치료자와 내담자의 관계는 종종 차별적인 결과물을 설명하기 위해 언급(예를 들어, Horvath, 2001)되지만, 치료적 관계가 결과물에 영향을 주는 정확한 경로와 이유 그리고 예외적인 결과물을 위해 이러한 관계에 영향을 미치기 위해 치료자가 할 수 있는 것이 무엇인지에 대해서는 명확히 알려져 있지 않다. 이러한 이유로 그리고 좀 더 나은 용어가 없기에, 기술하기 어려운 이 속성에 대해 일단 치료 장면에서의 "마법"이라는 단어를 사용할 것이다.

　우리가 언급하는 "마법"의 의미에 대해 치료자가 반드시 습득해야 하는 최신의 초자연적이고 마술 같은 현상을 의미한다고 당신이 염려한다면, 그것은 진실과 상반된 걱정이다. 게다가 최상급 치료자들만이 마법을 부릴 수 있고, 나머지인 우리로서는 "우수한" 결과를 넘어서는 "이례적인" 결과는 수행할 수 없는 운명이라고 믿지도 않는다. 대신에 우리의 목적은 마법처럼 보이는 결과물에 이르는 치료자의 개입방법이 무엇인지를 설명하는 것이다. 우리의 제안은 틀림없이 명료하며, 이해하기 쉽고, 남에게 교육하기 쉽게 되어 있다.

　우리는 이러한 목표를 달성하는 수단으로써 행동주의를 선택했다. 행동주의는 실험실의 실증적인 근거, 조작적으로 정의된 개념들 그리고 간결한 표현이라는 장점을 가지고 있다. 이러한 장점들은 결과적으로 다른 사람들에게 명확히 교육될 수 있는 효과적인 기법들로 구성된 이론을 만들어 낸다. 이러한 노력의 결과물이 기능분석치료이다.

　기능분석치료가 행동주의적 개념을 처음으로 사용하여 이례적인 효과성을 보인 치료법은 아니지만, 상당히 신비롭고 말로 설명하기 어려운 임상적 치료 효과를 보인다. 초기 행동주의자인 Ferster(1967)는 자폐증 아이들에 대해 놀라운 결과물을 보인 매우 재능 있는 여성 치료자를 연구했다. 그 여성 치료자를 모방한 다른 이들은 효과성을 보이지 못했다. 그녀의 접근법은 순전히 직관적이었고, 그녀는 자신의 개입방법을 왜 사용했는지에 대해 일관적으로 기술하지 못했다. Ferster 박사는 장기간 집중적으로 그녀의 작업을 관찰했다. 그녀의 놀라운 결과물을 설명하는 것뿐만 아니라 그녀의 치료적 개입방법을 묘사하기 위해 행동주의적 개념들을 사용했다. 거듭 말할 것도 없이 이 과정을 통해 이해 가능하고, 모호하지 않으면서도, (가장 중요한 것은) 가르칠 수 있는 치료법으로서 심각한 장애를 지닌 아동을 대상으로 한 선구적인 치료법이 될 수 있었다.

이례적인 결과물을 보인 원인과 방법을 설명하기 위해 행동주의를 사용하는 또 다른 장점은 어떤 치료자들이 다른 이들보다 더 나은 수행을 보인 원인과 관련된 필수 요소를 확인하려는 시도로부터 헛고생하지 않아도 된다는 점이다. 빈번히 이례적인 좋은 성과를 보였던 "치료의 대가들"을 연구하는 분야에서는 오래 지속된 전통이 있다(Shapiro, 1987). 이 과정은 슈퍼스타인 치료자들을 연구하고, 그 또는 그녀가 행하는 개입방법에 대한 관찰을 하고, 그것을 모방하도록 다른 사람에게 가르치는 작업들을 수반한다. Shapiro에 따르면, 성공한 치료자의 개입을 그대로 모방하는 것은 어떤 치료자에게 효과적이었던 것이 다른 사람에게는 효과적이지 않을 수 있다는 점을 고려하지 않았다는 것이 문제이다. 이와 반대로, Ferster에 따른 과정은 앞에서 기술한 것

처럼 치료자와 내담자 사이의 맥락적 차이점을 포괄하는 일반적
인 공통 원리를 도출(예를 들어, 이 책의 후반부에 논의되는 기능분
석을 사용함)해 냈고, "하나의 틀에 모두 맞추려는" 문제점을 피
할 수 있었다.

　또한 기능분석치료는 일련의 구체적인 절차들을 모아 놓은 것
이 아니다. 그 대신에 행동주의에 근간을 두는 일련의 일반적 원
리들의 모음이다. 강조하고 싶은 점은 기능분석치료를 시행하
기 위해 당신이 행동주의자가 될 필요는 없다는 점이다. 기능분
석치료는 단독적 치료법으로서 사용될 수 있을 뿐만 아니라 다
른 치료법에 쉽게 통합되어 더욱 강력해질 수 있고 다른 치료적
접근법에 "마법"을 가져올 수 있다는 사실이 우리의 양적 그리고
질적 자료들을 통해 뒷받침되고 있다.

02

행동주의에 대한 평가와 오해

"행동주의는 죽었다(Behavior Analysis Association of Michigan, 연대 미상)."라는 주장부터 "20세기에 가장 영향력 있는 심리학자는 Skinner이다(Haggbloom et al., 2002)."라는 주장까지 행동주의에 대한 타당성과 유용성에 대한 논쟁은 계속 되어 왔다. 행동주의의 종말에 대한 지속적인 선포가 있었음에도 불구하고, 사실 행동주의는 심리학에서 번영을 지속했고, 그 이상의 모습을 보여 주었다. 예를 들어, ABAI(국제행동분석협회)의 참석자 수가 매년 증가하고 있고, 행동경제학 관련 도서들이 베스트셀러 목록의 최고 순위에 올라 있으며, 행동주의 원리에 근거를 두는 치료법들은 가장 폭넓게 보급된 증거기반 치료법에 해당된다.

행동주의가 명백한 성취의 기록을 보여 줄 뿐만 아니라 다른 사람들로부터 열정적인 지지를 받고 있으면서도 심리학의 많은 동료들에 의해 격렬하게 거부되는 모습은 어떻게 설명할 수 있을까? 이러한 수수께끼를 이해하는 열쇠는 행동주의에 대하여

폭넓게 퍼진 핵심적인 오해를 살펴보는 것으로부터 시작된다.

주요한 오해: 행동주의자들은 사람을 실험상자 안에 있는 로봇으로 간주한다

"행동주의"라는 단어를 듣고 무엇이 떠오르는지를 질문했을 때 한 동료가 대답했다. "나는 본능적으로 거부 감정을 가지고 있다. 나는 그것이 지나치게 단순하며, 외부 세계와 상호작용하는 매우 복잡한 내부 정신에 대한 실체를 부정한다고 생각한다. 믿기 힘들 만큼 신비스러운 내적 세계가 관찰 가능한 수준으로 한정되어 축소되어 버린 점에서 볼 때, 행동주의는 내게 항상 매우 오만한 관점으로 여겨진다."

행동주의가 매우 단순하며 관찰 가능한 것만을 의미 있는 행동으로 제한한다는 생각은 우리의 많은 동료가 가지고 있는 주요한 오해에 해당된다. 많은 임상가의 경우, 행동주의 용어에 두 가지 현저히 다른 의미가 있음을 인식하지 못하기 때문에 이러한 오해가 발생하며, 두 가지 사이에 무엇이 차이점인지조차 잘 구분하지 못한다. "방법론적 행동주의"라는 첫 번째 의미에 따르면, 연구된 주제가 근육의 움직임이나 선 분비물 같은 관찰 가능한 형태로 정의된다면 행동과학이 가능하다는 Watson(1930)의 주장에 근거를 둔다. 방법론적 행동주의는 관찰에 대한 공적인 합의를 요구한다. 방법론적 행동주의는 공적으로 관찰 가능한 것에만 집중함으로써 내성을 배제하고 의식, 감정, 사고의 직접적인 연구를 제외한다. 불행하게도 이러한 구시대적인 방법론적 행동주의가 우리 동료들 대부분에 의해 간주되는 행동주의의 유형이다.

행동주의의 두 번째 의미는 Skinner로부터 기인했으며 "급진적 행동주의"로 알려져 있다. 1945년에 Skinner(Boring, Bridgman, Feigl, Pratt, & Skinner, 1945)에 따르면, "나의 치통은 내 타자기만큼이나 물리적이다(p. 294)."라고 주장하고, 공공의 합의 조건과 방법론적 행동주의 교리를 거부함으로써 다른 심리학으로부터 그의 접근법을 차별화했다. 급진적 행동주의는 자극-반응 심리학을 거부하고 대신에 행동과학의 영역 내에서 개인적 세계(예: 사고, 감정, 감각)를 포함하는 언어적 행동의 이해에 근거를 두었다.

사람을 기계의 한 종류인 "로봇"으로 보는 관점과 행동주의에 대한 언급이 이어진다. 기계로서의 인간은 "기계주의"로 언급되는 철학적 세계관을 대변하며, 방법론적 행동주의의 철학적 기반이다. 그에 반해서 급진적 행동주의는 명백하게 기계론적인 세계관을 부정하며 "맥락주의"로 알려진 철학적 접근법에 근거를 둔다. 그 시점까지 개인의 독특한 과거를 고려해서 우리가 왜 그렇게 행동했는지를 설명할 것을 요구한다(Hayes, Hayes, & Reese, 1988).

이러한 개개인의 역사는 지난 24시간의 우리 경험을 포함할 뿐만 아니라 유년 시절의 과거 모든 것을 포괄한다. 역사적 맥락을 포함한 경우에만 행동이 의미를 갖는다는 필요조건을 바탕으로 Hayes(Hayes & Hayes, 1992)가 제안하기를, Skinner의 접근법을 기술하기 위해 "급진적 행동주의"라는 용어를 사용하는 대신에 "맥락적 행동주의"라는 용어를 사용하도록 하였다. 오늘날 우리는 인간 경험의 총체적인 범위를 분석하기 위해, 예를 들어 언어, 감정, 자아, 지각, 행위, 기억, 인지, 정서, 친밀감, 공감 등을 포함한다.

행동주의에 대한 평가(맥락적 행동주의)

급진적 행동주의나 맥락적 행동주의는 이 세상에서 일어나고 있는 구체적인 사건에 확고한 뿌리를 두는 심리학이다. 맥락적 행동주의 심리학자는 미래를 예측하고 개선하기 위해 이러한 사건들 사이의 관련성을 이해하려고 노력한다. 즉, 행동주의는 우리의 복잡한 역사 속 세부사항과 실체들을 연구하는 데 전념하며, 오늘날 독특한 삶의 방식(예를 들어, 행동양식)을 생성해 내는 사건, 감정, 사고 등이 한 사람의 생애를 통틀어 상호작용하는 방식을 이해하는 데 노력한다. 이러한 설명을 놓고 볼 때 행동주의는 우리가 외부 자극에 기계적이고 전형적으로 반응하는 깡통 로봇이라고 가정하지 않고 있음이 명백해 보인다. 대신에 행동주의는 개별성을 이해하는 강력한 수단이다. 개별성을 중시하기 때문에 아마도 행동주의는 진정으로 공감하고 함부로 판단하지 않는 관점으로 여겨질 수 있다. 다른 사람을 이해하는 방법으로서 그 사람의 전 생애에 걸친 개인력을 들어보는 것보다 더 좋은 방법이 있을까? 급진적인 행동치료가 수용기반치료적 접근법과 맥을 같이 하는 것은 우연이 아니다.

  행동주의가 맥락주의 접근법(급진적 행동주의)의 관점으로 여겨질 때, 사람들이 원하는 성취목표를 위해 유용하고 효과적이며 과학적으로 타당한 개념을 제공할 수 있다. 주요한 오해를 명확히 함으로써 행동주의가 우리 임상가와 연구자에게 제공할 수 있는 것(추후 내용에서 부연 설명됨)에 대한 기본적인 이해를 돕는다. 사실, 이 책의 전부가 행동주의에 대한 확장된 평가를 다루고 있으며, 어떻게 행동주의가 우리를 더 효율적인 과학자로 만들어 줄 수 있는지, 더 효과적인 인간으로 만들어 줄 수 있는지, 우리 주변 사람들을 더 잘 이해하고 도와줄 수 있게 하는지에 대해 담고 있다.

03

환경과 개인력의 중요성

행동의 원인은 무엇인가? 물론 이 질문에 대답하는 방법은 여러 가지가 있다. 대부분의 심리학자에 따르면 복잡하고 임상적으로 흥미 있는 인간의 행동은 다수의 요인에 의해 초래된다는 점에 동의할 것이다. 일반적으로 그 원인들의 주요한 영역은 유전, 생물학, 인지, 환경, 성격이다. 기능분석치료의 행동적 세계관에 따르면 내담자의 현재 환경 그리고 환경과 상호작용하는 과거력을 모두 포함하는 행동의 환경적 요인에 중점을 둔다.

행동주의자들에게 행동의 의미는 행동을 지지하는 현재의 환경적 수반성 그리고 행동을 형성하는 과거의 환경적 수반성 안에서 발견된다. 우리는 현재 그리고 과거 환경으로부터의 결과물인 셈이다. 임상적으로 관련된 어떤 행동일지라도 이러한 용어로서 설명될 수 있다. 현재의 환경은 지금의 상황(치료실, 치료관계), 내담자의 현재 관계 양상 그리고 행동에 영향을 미치는 문화적, 정치적 영향력을 포함한다. 과거의 환경은 단순히 보면 이

전까지 발생한 모든 것을 포함한다. 내담자 개인력의 특정 부분
(외상 사건, 가족관계)은 강조될 수 있는 반면, 개인력의 큰 줄기로
부터 동떨어진 과거 사건들은 다소 임의적인 방식으로 간과되기
도 한다. 그러한 방식은 치료적 목적으로 반드시 도움이 되어야
하며, 우리의 행동에 영향을 미친 광범위한 과거와 현재를 전체
적으로 분석하는 데 혼선을 주지 않기 위함이다.

　이러한 강조는 다른 요소들을 바라보는 특별한 관점으로 연결
된다. 먼저, 유전은 행동을 결정하고 제한하는 데 있어서 중요한
역할을 한다. 그러므로 기능분석치료자는 내담자의 유전적 취
약점과 위험에 대해 고려해야 하지만, 병인으로서 유전에 강조
를 두지 않는다. 이는 주로 실용적인 문제라고 할 수 있는데, 왜
냐하면 유전적 원인은 치료 장면에서 조작될 수가 없기 때문에
유전적 원인에 집중하는 것을 통해 치료자가 할 수 있는 것이 많
지 않다(적어도 우리가 관심을 갖는 유형의 개입이 아님). 또한 유전
적 원인에 중점을 두는 것이 개개인들로 하여금 그들의 행동을
변화시킬 수 있는 가능성에 대한 희망을 적게 하며, 행동 문제에
대한 약물의 개입을 더 많이 고려하게 하고, 우선적 치료로서 입
원을 더 많이 찾게 된다는 점은 상당수의 연구들이 보여 주고 있
다(예를 들어, Mehta & Farina, 1997; Read & Harre, 2001). 따라서
유전적 요인의 강조가 치료 작업을 더 어렵게 만든다는 연구 결
과를 근거로 볼 때, 유전적 요인에 집중하는 것은 일반적으로 성
인 외래환자의 심리치료에 효과적이지 못하다.

　실용적인 관점 대신에 폭넓은 철학적인 관점에서 보면 기능분

석치료자는 유전적 원인도 환경적 원인으로서 간주하는 입장이
다. 우리의 유전적인 부분은 결국 환경과의 상호작용으로 인한
산출물이다. 기능분석치료에서 강화의 과정이 우리의 현재 행동
목록을 형성하고 다듬었다고 믿듯이 자연선택(natural selection)
의 과정이 오늘날 우리의 유전적 청사진을 만들어 낸 셈이다. 우
리의 유전자는 우리가 태어나기 이전부터 이루어진 형성 과정의
요약본이다. 그러므로 결과적으로 환경은 행동의 원인으로서 유
전에 대해서도 중요한 역할을 하는 셈이다. 개인의 현재 행동이
란 개인의 행동을 형성해 온 '강화의 환경적 수반성'과 종족의 행
동을 형성해 온 '생존의 환경적 수반성' 사이의 함수로 결정된다.

생물학은 또 다른 문제이다. 행동주의자들에게 있어서 행동
에 대한 생물학적 설명과 환경적 설명은 대립되는 설명이 아니
다. 그 두 가지 설명은 분석의 다른 수준에서 제공되며, 병행될
수 있고 양립 가능한 설명이다. 결국 모든 행동은 지속적인 생물
학적 지원을 필요로 한다. 연구자들이 증명하기 시작한 것처럼
행동상의 어떤 변화는 신경생물학적 변화로 표현되며, 예측된
뇌의 변화들은 치료 과정 전반에서 관찰 가능하다(Dichter et al.,
2009).

행동에 대한 생물학적 설명은 오늘날 매우 각광받고 있으며,
충분히 그럴만하다. 뇌는 매혹적이고 경이로우며, 뇌과학의 기
술적인 진보에 따라 뇌기능에 대해 점진적으로 상세한 이해가
가능해지고 있다. 그러나 기능분석치료자로서는 행동의 생물학
적 설명에 중점을 두는 것이 유전에 초점을 맞추는 것처럼 실용

성이 떨어진다. 생물학적 설명은 기능분석치료의 사례개념화에 특별히 도움이 되지 않고, 사실 문제에 혼란을 줄 수 있다. 전문적인 심리학자와 마찬가지로 우수한 기능분석치료자의 경우, 신경심리학적 평가가 내담자를 이해하고 치료함에 있어서 언제 도움이 되는지에 대해 알고 있어야 한다. 그렇지만 일반적으로 기능분석치료의 사례개념화에서 생물학적 혹은 신경심리학적 변수들에 초점을 맞추지 않는다. 왜냐하면 그렇게 함으로써 행동변화의 기제로서 환경적 강화로부터 관심이 멀어지기 때문이다.

12장에서 더 자세히 논의되듯이 인지 또한 또 다른 문제이다. 기능분석치료자에게 인지도 행동이다. 사고하기, 몽상하기, 계획하기, 의심하기, 추론하기, 해석하기, 신뢰하기 등 사람이 행하는 일들이며, 행동주의자들은 다른 유형의 행동들과 마찬가지로 이러한 유형의 행동들에 대해서도 동일하게 현재와 과거의 환경적 설명에 주의를 기울일 것이다. 행동주의자에게 행동에 대한 인지적 설명을 제공하는 것은 "이 행동이 그 행동의 원인이다." 라고 말하는 것과 같다(Hayes & Brownstein, 1986). 행동주의 체계를 넘어서는 원인을 찾지 못한다면 그것은 의미 있는 설명이 될 수 없다. 또한 인지이론에서는 도식이라고 불리는 인지적 개념을 소개했는데, 이 개념은 행동으로 변환할 수 없는 개념이다.

행동주의자들에게 이러한 개념은 가상적이고, 추상적인 조작물이다. 어떤 수준의 분석이 다른 수준의 분석을 도와줄 수 있는 생물학과 행동 사이의 관계 양상과 다르게 인지와 행동은 양립할 수 없고 병행할 수 없는 분석이다. 인지이론과 행동이론은 공존할 수 없으며, 행동주의자는 인지를 이해하기 위해 행동주의 이론을 들여다볼 것이다.

기능분석치료자에게 성격은 인지와 유사하다. 성격은 다음의 것들이 혼합된 양상을 보인다. ① 예측 가능하게 반복되는 행동목록이며, 그와 같은 특징 때문에 성격이라는 이름이 붙었다("그녀는 매우 사교적이라서 외향적 성격임"). ② 추상적인 개념으로서 기껏해야 행동의 중언부언에 지나지 않으며("그는 중독에 취약한 성격 때문에 약물에 중독되었음"), 최악의 경우라면 행동적 참조 설명이 전적으로 부족한 경우[예를 들어, MMPI(Minnesota Multiphasic Personality Inventory) 검사상 특정한 프로파일]이다. 따라서 성격적 구성 개념은 기능분석치료 사례개념화에 거의 도움이 되지 못한다.

유전, 생물학, 인지과학, 성격이론으로부터의 대부분 개념들이 다른 용어로 재구성되거나 실용적이지 못해서 폐기되거나 추상적인 허구이기 때문에 버려졌다면, 이러한 개념들을 연구하는 데 모든 열정을 쏟아부은 그들의 동료로부터 행동주의자들이 존경을 받기 어렵다는 점이 놀랍지 아니한가?

저자들도 이러한 압박을 느껴왔다. 독자들에게 질문해 본다. '행동이 그만한 가치가 있는가?' Skinner의 초기 저서에서 살펴보면, 우리의 과학적 사고와 분석을 통해서 세상에 긍정적인 영향을 줄 수 있는 가능성을 극대화하는 심리학적 세계관을 발전시키는 것이 최우선 과제이다. Skinner(1976)는 다음과 같이 말했다.

선택은 분명하다. 우리가 아무것도 하지 않고 우리를 엄습하는 불행하고 아마도 재앙적인 미래를 받아들이는 것이 하나 있고, 다른 하나는 우리가 생산적이고 창조적인 삶을 살 수 있게 하는 사회적인 환경을 만들기 위해 인간 행동에 대한 지식을 사용함으로써 우리의 후손들도 그렇게 살 수 있도록 돕는 것이 그것이다(16장에서 중요성이 추가적으로 설명됨).

기능분석치료자로서 실상 행동주의 관점 때문에 많은 친구를 만들지 못했고 소외받기도 했지만, 행동주의 관점은 치료체계로 만들어질 수 있는 가장 유용한 최적의 관점이라고 믿는다. 진리를 발견하기 위해 개발된 유전적, 생물학적, 인지적, 성격 과학과는 달리, 행동과학은 시작에서부터 과학의 소비자에게 도움이 되도록 고안된 유일한 과학 시스템이다(Skinner, 1953). 행동학적 관점에 따르면 치료자로 하여금 지금-여기에서 내담자에게 영향을 미칠 수 있는 변인들을 가려내고 집중하도록 하며, 잠재적으로 영향력이 없는 변인들에 의해 산만해지지 않게 한다. 행동학적 관점은 우리 내담자들의 삶에서 긍정적인 행동 변화를 만들어 내는 더욱 강력한 치료적 유대관계로 이끌어 줄 것이다.

04

기능이란 무엇인가

당신의 내담자가 지난 회기 때 당신과 함께 협업해서 결정한 과제를 하나도 수행하지 않았다. 당신은 치료자로서 어떻게 반응해야 할까?

많은 인지행동치료에서 과제를 할당하며, 기능분석치료도 예외가 아니다. 일반적으로 과제의 완수는 칭찬을 받게 된다. 치료자는 그러한 행동에 진솔한 기쁨으로 반응하고, 그것은 타당한 이유를 갖는다. 집단연구 설계에서 보면, 과제의 완수는 긍정적인 치료적 결과물을 예측하는 것으로 여겨졌다(Kazantzis & Lampropoulos, 2002). 따라서 만일 내담자가 과제를 수행하지 않았다면, 아마도 일반적인 반응은 따뜻한 분위기에서 실망감을 표현하고, 치료에 있어서 과제 완수의 중요성을 내담자와 함께 검토하는 것이 될 수 있다.

그러나 기능분석치료에서는 단지 기본에만 따르는 반응 대신 행동의 기능에 대해 좀 더 심도 있게 들여다보고자 한다. 행동주

의적 기능을 확인하기 위해서는 관심행동에 대해 두 가지의 전
반적인 질문을 탐색하는 것이 필요해 보인다.

1. 행동을 유발하는 맥락은 무엇인가?
2. 대략적으로 가능한 결과물은 무엇인가?

이 내담자의 사례를 살펴보면, 우리는 과제를 행하는 맥락들
에 대해 궁금해할 수 있고 질문할 수도 있다. 언제 그리고 어디
에서 주로 과제가 수행되는가? 과제를 완수하지 않는 것이 드문
일인가, 아니면 그 내담자가 과제를 행하지 않았던 확고한 과거
력을 가지고 있는가(예를 들어, 학교)? 과제를 완수하는 것이 과
제를 할당한 사람의 기능과 관련되는가(의사, 치료자, 교사)? 만일
내담자가 집에서 가족들로부터 방해받지 않았다면 내담자는 과
제를 완수할 가능성이 더 높아지는가?
그다음으로 결과물을 고려해 보면, 과거 과제 완수에 따른 결
과물에 대해 궁금해할 수 있고 질문할 수 있다. 교사나 권위적인
인물이 과제 완수에 대해 "충분치 못함"이라는 사실상 처벌을 준
경험이 있거나 완벽주의를 넘어서는 노력이 강화되어 왔는가?
그 내담자는 권위적인 사람들(예를 들어, 치료자)이 원하는 것(예
를 들어, 과제 완수)을 수행함으로써 칭찬을 받은 과거력을 가지
고 있는가? 내담자는 이전 관계들을 통해 자신이 기능을 잘 수행
했을 때 보살핌이 중단될 것이라고 학습했기 때문에 과제 완수
란 내담자로 하여금 더 이상 치료가 필요 없다는 의미이고, 따라

서 과제 완수는 치료자에 의한 처벌의 의미를 지니는가?

이러한 분석은 몇 개의 가설로 이어질 수 있으며, 기능분석치료자에 의해 서로 다른 방식으로 대응될 수 있다. 오랫동안 다른 사람들을 만족시켜 주려는 과거력을 보였던 내담자라면 아마도 지금 이 순간 칭찬으로 이어지지 않는 방식을 택함으로써 도전적인 상황을 선택한 셈이다. 만일 그렇다면 과제 미완수는 실제로 일종의 향상으로 볼 수 있다(8장의 임상적으로 관련된 행동들을 참조). 반대로 과제가 충분히 만족스럽지 못할까 봐 두려워하는 내담자라면 아마도 과제를 치료자에게 제출하는 것에 겁을 낼 수도 있다. 그런 경우라면 일반적으로 판단해 볼 때 과제 미완수는 문제가 될 수 있다. 내담자가 상당히 책임감이 강한데, 그 주에 아이가 아팠고 내담자가 단순히 정신없이 보냈다면 어떨까? 만일 그랬다면 과제의 미완수는 임상적으로 관련이 없다.

대부분의 치료자는 무턱대고 과제 미완수를 문제로서 대응하기 전에, 내담자가 과제를 완수하지 못한 이유를 탐색하기를 원할 것이다. 그 원인을 이해하는 핵심으로서 행동적 기능에 집중하고 또한 특정한 치료자의 반응을 확인된 행동적 기능에 연계해 줌(이 책의 2부에서 논의)으로써 기능분석치료의 분석은 탐색을 위한 구조를 제공해 줄 수 있다.

기능분석치료에서 임상적으로 관련된 행동들은 이러한 기능적 방식으로 이해된다. 내담자의 우는 행동, 분노, 요청, 또는 회기 내 특정 주제에 집중하는 행동 등의 기능은 무엇인가? 상담실 밖 장면에서 온종일 집에 머무르는 행동, 새로운 직장을 찾는 행동, 또는 파티에서 유혹적인 행동을 보이는 것 등의 기능은 무엇인가? "그 기능이 무엇인가?"라는 질문은 기능분석치료자들에게 매우 중요한 질문이며, 그 이유는 기능분석치료의 규칙1에 해당하기 때문이다(18장과 19장의 임상적으로 관련된 행동들 부분을 살펴볼 것).

05

치료자의 기능을 이해하기

기능분석치료에서 "기능이란 무엇인가?"라는 물음은 내담자의 행동과 치료자의 행동 모두에 해당된다. 기능분석치료자는 내담자에게 영향을 미치는 자신의 행동에 큰 관심을 가진다. 19장에서 논의되는 것처럼 이러한 기능들을 인식하는 것은 규칙1에 중요하다. 기능분석의 세부적인 이해가 부가적인 기능들을 알려줌에도 불구하고, 기능분석치료에서는 치료자가 내담자에게 미칠 수 있는 세 가지 주요한 기능적 영향력의 분석과 초점으로 단순화한다. 즉, 치료자가 무엇을 행할지라도 그 행동은 회기 중에 주어지는 자극으로서 여겨진다. 치료자의 이론적인 지향과 관계없이 우리의 행동학적 관점에서 보면 이러한 자극은 오직 세 가지의 기능만이 가능하다. 이들 각각은 다음 부분에서 논의된다. 치료자에 의해 제시되는 자극은 한 가지 기능 이상을 가질 수 있음을 반드시 명심해야 한다.

치료자가 내담자의 반응행동을 유발한다(elicit)

유발된 행동은 반응행동이거나 고전적으로 말하자면 조건화된 행동이다. 이러한 반응들은 반사반응처럼 자동적이거나 비자발적으로 느껴진다. 실험실 장면에서 우리는 공기 분사에 대한 반응으로 눈 깜박임을 보이거나 입안에 음식물이 들어있을 때의 반응으로 침을 분비하는 등의 반응행동을 보일 수 있다. 고전적 조건행동도 유사하다. 공기 분사와 짝을 이룬 소리에 대한 반응으로서의 눈 깜박임 행동이나 입안의 음식물과 규칙적으로 연계된 종소리에 대한 반응으로서의 침 흘리는 행동 등이 그것들이다.

치료실에서 유발된 행동들은 때때로 정서적일 수 있다. 어떤 내담자는 다가올 장례식에 대해 이야기하기 시작했을 때 울음을 터트릴 수 있다. 어떤 내담자는 잠재적인 암 진단에 대해 이야기할 때 공황을 경험할 수 있다. 어떤 내담자는 치료자가 자신의 생일을 기억하지 못했을 때 버림받았다고 느낄 수 있다. 어떤 내담자는 무슨 말을 해야 할지 몰라서 회기의 시작 부분에서 불안해할 수 있다.

치료자들이 유발하는 힘은 강력하고, 그것은 언어적일 수 있고 비언어적일 수도 있다. 우리가 말하는 주제 그리고 내담자의 유발된 반응의 미묘함에 대한 민감성 등이 기능분석치료에서 중요한 기능을 갖는다. 또한 선택된 단어가 유발하는 기능을 예민하게 여기고 조심성 있게 단어를 선택하는 것이 기능분석치료에서 중요하다. 이 책의 후반부에서 기술되듯이 기능분석치료에

서의 언어는 내담자들로부터 정서적인 반응을 이끌어 내기 위해
고안되었고, 기능분석치료자로서 치료자의 능력을 향상시키기
를 원하기 때문에 그들의 언어는 대부분 따뜻하고 공감적이다.

우리의 비언어적 행동 또한 내담자들의 반응을 이끌어 내는
기능을 한다. 우리가 집중하는 모습으로서의 자세, 특히 눈 맞춤
은 전적으로 그렇다. 기능분석치료에서 치료자로서 내담자의 감
정적 행동을 유발하는 방식을 잘 알고 있는 것은 근원적으로 중
요하고, 이러한 과정에 주의를 기울이는 것이 기능분석치료의
규칙1(임상적으로 관련된 행동들에 주의하라)에 포함되는데, 이 내
용은 18장과 19장에서 더 자세히 논의된다.

치료자가 내담자의 조작행동을 환기시킨다(evoke)

환기된 행동은 조작행동이며, 기능분석치료에 따르면 임상적
으로 중요한 행동은 조작행동이라고 가정한다. 치료자가 내담자
와 회기 중에 행하는 거의 모든 것은 내담자로부터 조작적 행동
을 이끌어 낸다. 치료자가 내담자에게 질문을 했을 때 대답하거
나 회피하는 조작적 행동이 유도된다. 치료자가 조용히 앉아서
내담자를 주목하거나 "으흠."이라고 말하게 되면, 내담자로 하여
금 하고 있던 것을 계속하는 조작적 행동이 유도된다. 치료자가
내담자에게 휴지를 건네면, 내담자로 하여금 휴지를 잡는 조작
적 행동이 유도된다. 치료자가 시계를 바라보고 점잖게 웃을 때
에는 회기 시간이 거의 다 되어 가는 것을 내담자로 하여금 인식
하게 되는 조작적 행동이 유도된다.

　　내담자들의 많은 조작적 행동은 치료적으로 유용하지만, 기능
분석치료 관점에서 볼 때 우리는 특별히 임상적으로 관련된 조
작행동에 관심을 두고 있다. 임상적으로 관련된 행동들은 회기
중에 치료 설정, 치료자, 치료 관계에 반응하여 발생하는 내담자
의 조작적 행동 반응으로서 회기 밖에서 일어나는 내담자의 중
추적 문제행동과 기능적으로 유사성을 보인다. 임상적으로 관련
된 행동들은 8장에서 심도 있게 논의된다.

　　임상적으로 관련된 행동들을 환기시키는 것에 우리의 특별한
관심이 있기 때문에 기능분석치료의 규칙2(임상적으로 관련된 행
동들을 촉발시켜라)가 적용된 과정에는 특별한 주의가 요구된다.
이것은 18장과 20장에서 자세히 논의된다.

치료자가 내담자의 행동에 결과물을 제공한다(consequate)

　　우리의 자각 여부와 관계없이 우리는 지속적으로 다른 사람의
행동에 대해 결과물을 제공하고 있다. 그 결과물들은 보상과 처
벌 모두를 포함한다. 다음 장에서 심도 있게 논의되는 것처럼 강
화는 인간 행동에 기본적이며 인간관계 장면에서 끊임없이 발생
한다. 앞부분에서 제공된 행동의 사례들을 활용하면 하나의 행
동이 어떻게 다수의 기능을 가질 수 있는지 쉽게 보여 줄 수 있
다. 치료자가 내담자에게 질문을 할 때 반응이 유발될 뿐만 아니
라 치료자가 흥미를 표현함으로써 일반적으로 내담자의 말하기
를 강화시킬 수 있다. 내담자의 이야기를 경청하거나 "으흠."이
라고 반응할 때 치료자는 내담자로 하여금 이해받고 있음을 알

려 주면서 이야기를 지속할 수 있도록 강화할 수 있다. 내담자에게 휴지를 줄 때 치료자는 회기 중 내담자의 정서적 표현을 강화시킬 수 있다. 시계를 올려다볼 때 치료자는 이야기를 지속하는 것에 대해 부드럽게 처벌할 수 있다.

기능분석치료에서 강화 과정은 내담자로 하여금 최고의 혜택을 제공받을 수 있는 방향으로 명료하게 생성되며 사용된다. 우리는 강화가 주어지는 때를 알려 줄 뿐만 아니라 내담자를 돕기 위해서 전략적으로 강화를 사용한다(제멋대로 강화를 주지 말 것, 7장 참조). 그것이 기능분석치료에 있어서 핵심 과정이다. 내담자의 개선을 위한 자연스러운 강화에 집중하는 치료적 관계를 확립하는 방법, 강화를 제공하는 기회를 알려 주는 방법, 구체적으로 강화하는 방법(그리고 해서는 안 되는 것), 강화 이후 내담자에게 강화 과정을 설명해 주는 방법 등에 대해 이 책의 많은 부분에서 이해를 돕고 있다.

반응행동을 유발하고, 조작행동을 환기시키고, 결과물을 제공하는 치료자의 세 가지 기능은 기능주의적인 관점에서 회기 중 치료자가 행하는 모든 것에 해당된다. 그러나 어떤 독자는 회기 내에서 치료자가 행하는 우선적인 것은 대화라고 생각할 수 있고, 이러한 책략에 들어맞는 대화가 무엇일지 궁금해할 수 있다. 대화는 치료에 있어서 분명히 중요하고 기능분석치료에서도 그러하며, 임상적으로 관련된 행동 세 가지(8장 참조)와 규칙5(18장과 24장 참조)와 함께 여러 가지 방식으로 치료 과정에 통합된다. 치료자는 대화하기, 내담자에게 유용한 정보를 전달하기, 심리

교육을 제공하기 등 공식적으로 정의된 주요 행동들을 할 것으로 기대된다. 그러나 기능분석치료에 따르면 치료적 대화가 일어나는 동안 상담실에서 발생하는 것의 기능적인 측면에 대해 주목하는 것이 치료자에게 요구된다. 일반적인 치료적 대화 속에서 치료자의 세 가지 기능에 관심을 기울이고, 자연스러운 강화를 통해서 그 기능들을 제공하는 기회가 되면 치료자는 기능분석치료 과정을 활용할 수 있는 준비가 된 셈이다.

06

강화의 주요 역할

내담자가 물어볼 수 있는 다음의 질문들을 고려해 보자. "나는 왜 이렇게 살아야 하나요?" "나는 왜 그렇게 파괴적인 관계에 몰두할까요?" "나는 왜 자기비판적일까요?" "나는 왜 자존감이 낮을까요?" 또는 "나는 왜 자살과 관련된 생각과 계획에 사로잡혀 있을까요?" 물론 이러한 유형의 질문은 거의 끝이 없을 정도로 많다.

이제 대답을 해야 하는 치료자의 입장에서 이야기해 볼 텐데, 당신은 간결한 반응으로 답해야 하며, 또한 당신의 대답은 행동주의적 관점에 제한된다고 가정해 보자. 그렇다면 대답은 "당신이 경험해 온 강화의 수반성 때문입니다."가 될 것이다. 말할 필요도 없이 만일 당신이 실제로 이러한 대답을 해 주었다면 당신의 내담자는 몹시 혼란스러워할 것이며, 아마도 다른 치료자를 찾아볼 것이다. 더군다나 "강화"의 의미에 대해 깊은 이해가 없다면 그 대답은 많은 치료자로부터 이론상 형편없는 대답이라고 여겨질 것이다. 그럼에도 불구하고 이 대답은 기능분석치료의 핵심 관점을 담고 있는 답변이고, 충분히 이해된다면 당신의 치료적 작업을 안내해 줄 매우 유용한 대답이 될 수 있다.

이 장에서 우리는 강화가 의미하는 것에 대한 핵심을 다룰 것이며, 치료 유형에 관계없이 강화의 의미가 어떻게 치료 작업을 심화시키고 결과물을 증진시키는 데 실용적으로 사용될 수 있는지에 대해 후반부 내용에서 논의할 것이다. 정의에 따르면 수반성이란 결과물(물리적인 세상 혹은 대인관계적 세상이 어떻게 행동에 반응하는가)이며, 세상에 의해 제공되는 결과물에 따라 사람의 모든 행동은 강화됨(보상)이거나 강화되지 않음(처벌 또는 소거) 둘 중 하나이다.

우리가 행하는 모든 것(예를 들어, 생각하기, 믿음 갖기, 알아차리기, 지각하기, 걷기, 먹기, 감정 표현하기, 감정 숨기기 등)의 주요한 원인은 강화의 수반성이기 때문에 강화의 수반성은 중요하다. 그럼에도 불구하고 강화에 대한 수반성의 중요성은 치료 회기 전체를 통틀어 발생하는 치료자-내담자 상호작용 속에서 종종 간과된다.

수반성이란 어떤 방식으로 행동할 때 행동이 초래하는 영향력 또는 결과물을 의미한다. 이러한 효과들은 종종 물리적 세계에서 일어난다. 예를 들어, 당신의 차에 점화 스위치를 돌림으로써 엔진이 시작되는 결과를 가져온다. 이 책은 내담자에게 도움을 주기 위한 내용이고, 거의 모든 내담자의 문제가 대인관계와 관련된 문제를 포함하기 때문에 초점이 되는 영향력 또는 결

과물은 대인관계나 사회적인 행동에 반응하는 다른 사람들의 방
식과 관련된다. 당신이 어떤 방식으로 행동하고 그 행동이 다른
사람한테 미치는 영향력으로 인해서 당신이 미래에 같은 방식으
로 행동할 가능성을 많거나 혹은 적게 만든다면, 이러한 영향력
을 강화의 수반성이라고 지칭한다. 앞에서 언급한 것에는 미세
한 차이점이 존재한다. 결과물로 인해 당신이 같은 방식으로 다
시 행동할 가능성을 높게 만든다면, 이것을 긍정적 강화라고 지
칭한다. 결과물로 인해 당신이 같은 방식으로 다시 행동할 가능
성을 낮게 만든다면, 이것을 처벌이라고 지칭한다. 과거에 긍정
적으로 강화되었던 행동이 더 이상 결과물을 만들지 못한다면,
당신이 같은 방식으로 행동할 가능성을 적게 만든다. 당신의 행
동은 중지될 것이며, 이러한 영향력은 소거라고 불린다.

강화는 심리학에서 가장 많이 연구되고 실증적으로 평가된 개
념 가운데 하나이다. 그렇지만 "강화"는 단지 하나의 용어에 지
나지 않는다는 점을 명심해야 한다. 다른 용어들처럼 사용된 맥
락으로부터 이해되어야만 한다. 기능분석치료에서 사용될 때와
마찬가지로 강화는 특수한 이론적 접근법에 관계없이 심리치료
의 목적을 달성하는 데 큰 도움이 될 수 있다.

강화에는 두 가지 중요한 특징이 있는데, 이 두 가지 특징을 잘
이해하면 강화를 보편적인 원리로 사용하는 데 도움을 받을 수
있다. 강화는 삶의 모든 부분에 존재하며, 일반적으로 부지불식
간에 발생한다.

매 순간 벌어지는 일상의 경험을 이해하기 위한 한 가지 방법

은 강화의 관점에서 우리의 행동과 결과의 연속 과정을 살펴보는 행동주의자의 눈높이에 따르는 것이다. 어느 한 시점의 유량의 강도, 범위, 형태가 지류를 만들어 산악 지형을 만드는 기능을 한 것처럼 우리의 현재 행동은 과거에 형성되어 온 강화 역사의 기능에 의해 설명된다. 우리가 행동하는 동안 강화는 끊임없이 발생하고, 행동과 결과의 연속 과정 양상을 만들고, 어떤 행동들의 가능성을 높이고 어떤 행동들의 가능성은 낮아지게 만든다. 우리의 미래 행동은 발생 시점에서 과거의 산물이 되는 것이다.

특정한 행동을 한 후 우리가 긍정적인 정서를 경험했는지 인식하는 것과 강화는 일반적으로 거의 관계가 없다. 걸음마를 배우는 아이는 매번 성공적인 발 디딤이 주는 강화를 인식하지는 않는다. 글 읽기를 배우는 학생의 입장에서 매일 글 읽기 행동이 더 성공적으로 만들어 주고 그로 인해 더욱 강건해진다는 점을 인식하지 못할 것이다. 수년간 동일한 강의를 해 온 교수의 입장에서 학생들의 반응이 현재 교수의 수업 방식과 강의 말투에 얼마나 영향을 미쳤는지 알 수도 있지만 모를 수도 있다. 오랫동안 만족스러운 결혼생활을 이어 온 부부는 그들이 얼마나 서로에게 세심하고 반응적으로 변화했는지 인식하지 못할 수 있다. 강화의 관점은 언어와 문학과 창조성(Skinner, 1957), 영성(Hayes, 1984), 성격(Bolling et al., 2006), 친밀감과 애착(Kohlenberg, Kohlenberg, & Tsai, 2009a)을 포함하는 인간활동의 거의 모든 면에 대한 설명을 위해 사용되어 왔다.

강화의 과정을 인식하지 못한다는 내용에 따르면, 강화가 발생해 왔는지의 여부를 결정짓는 가장 좋은 방법은 미래의 행동 발생 여부를 관찰하는 것이다. 또한 누군가는 비행동주의적 체계를 주장할 수 있다. 예를 들어, 강화가 발생하면 신경생물학적 변화가 일어난다. 그러나 우리의 신체는 강화가 발생했을 때 이러한 미묘한 신경생물학적 변화를 감지하기 적절한 뇌 내 감각 체계를 가지고 있지 않다. 시냅스나 경로들은 단순하게 강화될 수 있다. 물론 때때로 그 순간 만족감을 느낄 수도 있고, 만일 질문을 받는다면 미래에 이런 방식으로 다시 행동할 거라고 말할 수도 있다. 그러나 이러한 감정은 강화가 아니고 또한 강화되기 위해 이러한 감정을 느낄 필요도 없다.

따라서 강화는 인간 경험상의 모든 측면에 해당되는 현재 진행 중이며 광범위하게 존재하는 과정으로 볼 수 있다. 내담자의 삶 문제는 강화의 수반성에 근거한 역사적 결과물로 여길 수 있고, 심리치료는 내담자의 삶을 생산적이고 만족스러운 삶으로 향상시키기 위해 강화의 수반성을 제공해 주는 기회가 될 수 있다.

07

자연스러운 강화와 인위적인 강화

기능분석치료의 관점에서 볼 때 어떤 치료에서든 행동의 변화는 내담자의 행동에 결과물을 제공하는 치료자로부터 발생한다. 최대의 효과를 얻기 위해서 강화는 즉시적(목표된 행동에 공간 및 시간적으로 밀접한)이어야 하며, 지속적이고 전략적으로 계획되어야 하며, 인위적이라기보다는 자연스러워야 한다. 기능분석치료에 있어서 자연적인 강화와 인위적인 강화의 구분은 매우 중요한데, 왜냐하면 회기 중에 달성된 변화가 상담실 밖 장면에서 일반화되고 지속되는 수준에 영향을 미치기 때문이다. 이러한 이유로 우리는 자연적인 강화와 인위적인 강화 사이의 차이점을 검토할 것이며, 당신이 회기 중 자연스러운 강화의 사용을 어떻게 증진시킬 수 있을지 살펴볼 것이다.

자연적인 강화와 인위적인 강화를 구분하기
인위적인 강화물은 실제 생활 속에서 뒤따른 행동과 직접적인

057 자연스러운 강화와 인위적인 강화 **055**

관계가 없거나 예상된 관계가 없는 자극을 가리킨다(Kohlenberg & Tsai, 1991). 간단한 예를 들면, 만일 한 내담자가 회기 중 자기 주장과 관련된 목표행동을 보일 때마다 사탕이 주어지고 그 사탕이 충분한 욕구가 되어 내담자를 강화시키는 한 자기주장을 표현하는 빈도가 실제로 증가할 것이다. 그러나 인위적인 강화물로 사용된 경우의 사탕은 자기주장성과 직접적이거나 예상되는 관계가 없다. 자기주장의 표현 이후 사탕을 주는 것은 일상생활에서 기대되지 않는 의도적인 인간 중재(치료자 쪽에서)를 필요로 한다. 장기적인 문제로 본다면 자기주장성에 연이은 사탕이 주어지지 않는 외부 세계에서는 이러한 인위적인 강화물을 통해 형성된 행동의 개선이 유지될 수 없다는 것이다. 인위적인 강화를 남용하게 되면 결과적으로 두 개의 서로 다른 결과물을 만들 수 있다. 치료 회기 안에서 이러한 인위적인 강화물을 통해 형성되고 유지되는 것과 외부 세상에서 전혀 다른 수반성에 의해 유지되는 것이 함께 존재하게 된다. 만일 내담자가 자신의 삶을 변화시키는 데 높은 관심을 가지고 있지만 착한 내담자가 되는 방법을 배우려는 경우가 아니라면 이것은 효과적인 치료 전략이 되지 못한다.

반면에 자연스러운 강화물은 내담자의 일상적 환경에서 발생하는 행동의 결과물과 관련되어 있다. 외투를 입는 것과 관련되어 나타나는 따뜻한 느낌, 음식물을 섭취하는 것과 관련되어 나타나는 배고픔의 충족처럼 자연적인 강화는 쉽게 접할 수 있는 행동과 본성적인 관계를 갖는다. 치료자의 진솔한 반응이 내담자로 하여금 외부 세계에서 접할 수 있는 반응과 유사하다면(즉, 내담자가 흔히 만날 수 있는 다른 이들의 대표성을 치료자가 보여 준다면), 내담자의 향상에 대한 치료자의 자연스러운 강화는 인공적인 중재를 필요로 하지 않는다.

실제로 이것은 무엇을 의미하는가? 앞에서 논의한 예를 사용해 보면, 내담자의 자기주장성 표현에 대한 자연적인 강화는 아마도 치료자에 의한 수긍, 동의, 순종 등이 될 수 있고, 내담자의 일상적 삶 속에서 가능한 반응들이 될 수 있다. 이러한 강화물들은 치료 과정이나 외부 세상 모두에서 가능하기 때문에 목표행동(자기주장성의 표현)은 일반화될 가능성이 높고, 실제로 문제가 되는 내담자의 외부 삶 속에서 발생하거나 유지될 가능성이 높아진다.

회기 중 자연스럽게 강화하기

기능분석치료자들은 치료 초기 시점부터 내담자들과 진솔한 관계를 형성하기 때문에 시간이 지나면서 내담자들에게 매우 중요한 존재가 되고 내담자 변화를 위한 강력한 강화 요소가 될 수 있다. 조금 더 구체적으로 말하자면, 때가 되면 내담자들은 치료자들의 반응이나 치료자들에 대해 미치는 자신들의 영향력을 인식하고 신경을 쓰게 되며, 스스로의 행동으로 인한 결과로서 치료적 관계가 변화할 수 있는 역동에 대해 알아차리게 되고 마음을 쓰기 시작한다는 의미이다.

치료자가 자연스럽게 강화할 수 있는 수많은 방법이 있겠지만, 전형적인 치료자의 강화 반응으로는 내담자의 행동에 대한 반응을 공유하기, 표현하기, 드러내기, 자세히 진술하기 등이 포함된다. 치료자들은 자연스럽게 강화하기 위해서 상담실 밖에서 사람들과 관계를 맺듯이 진정 어린 마음으로 자신의 내담자들과 관계를 형성할 필요가 있다. 치료자들은 치료 관계에서 형성되는 진실한 친밀감을 회피할 수 없고, 실제의 관계에서 발생할 수 있는 불편감이나 격한 감정, 위험 부담도 피할 수 없다. 치료자들은 좀 더 자연스럽게 강화하기 위해서 치료 관계의 제한된 범위 안에서 최대한 자신의 모습을 그대로 보여 줄 것이 요구된다. 이와 함께 기능분석치료자들은 즉각적인 반사적 반응과 내담자의 행동 기능을 고려한 더욱 신중하고 전략적인 반응 사이에서 균형을 맞추어야만 한다. 예를 들어, 자기주장성과 관련된 상담을 진행 중인 내담자가 마침내 목소리를 높여서 이른 아침 상담을 요구(기능적인 개선 또는 임상적으로 관련된 행동2, 8장 참조)하고 내담자를 향한 치료자의 감정이 강하고 진솔하고 돌보려는 유대감이 있다면, 치료자는 비록 이른 아침에 나오는 것이 불편할지라도 자연스럽게 내담자의 요청에 순응할 것이다.

　유사한 예로, 만일 갈등을 회피하는 성향의 내담자가 치료의 몇몇 측면에 대해 처음으로 불만을 표현(임상적으로 관련된 행동2)한다면, 치료자의 자연스러운 반응은 방어적인 태도를 보이거나 불편해할 것이 아니라 기쁨을 표현하는 것이 될 수 있다. 치료자는 이러한 상황에서 자연적인 처벌 반응을 억제하는 것이 아니고, 치료적 관계의 힘과 더불어 공감과 돌봄의 진솔한 감정 때문에 자연스럽고 솔직하게 강화하는 것이다. 이처럼 자연적인 강화물을 제공하는 것 때문에 치료자의 전체적인 반응과 관련된 진솔성을 감출 필요는 없다. 예를 들어, 기능분석치료자는 이렇게 말할 수 있다. "솔직히 말하자면 저는 아침형 인간이 아니지만, 당신의 자기주장 표현이 제게 정말 강력하고 의미가 있어 보이네요. 다음 주부터 아침 8시에 만나죠."

일반적으로 자연적인 강화를 위해서는 내담자의 외부 환경에 존재하는 수반성을 고려하는 것이 옳지만, 비록 상담실 밖에서는 긍정적으로 강화되기에 부족해 보이더라도 목표행동과 관련하여 내담자가 연속적으로 유사 행동을 보였다면 때때로 강화시킬 필요가 있다. 목표행동을 이루기 위해 기능분석치료자들이 이들 유사 행동을 알아차리고 강화함으로써 그러한 행동이 다듬어지고 결과적으로는 일상생활 속에서 자연스럽게 강화될 수 있는 숙련되고 효과적인 단계에 까지 이를 수 있음을 이해하는 것이 중요하다. 이러한 사례에서 치료자들은 내담자들에게 치료적 관계가 외부적 관계와 사실상 다를 수 있음을 알려 줄 수 있는데, 내담자의 향상에 대해 내담자가 타인들에게 기대하는 것보다 치료자는 좀 더 민감하게 볼 수 있다는 점을 알려 줄 수 있다. 치료자가 보기에 내담자의 행동이 외부 세상을 위해 "준비되었음"을 느꼈을 때 이러한 점들이 함께 논의될 수 있다.

08

임상적으로 관련된 행동들(CRBs)

치료 회기 중 당신의 내담자는 매 순간마다 행동하고 있다. 이들 행동 중 어떤 것들은 명확하게 구분이 되는데, 예를 들면 경청하거나 눈 맞춤을 하거나 이야기하거나 침묵하거나 다음에 할 말을 생각하고 있거나 화를 표현하는 행동들이 이에 해당된다. 반면에 어떤 행동들은 명확하게 구분하기가 비교적 어려운데, 예를 들어 감정을 느끼거나(공포감, 슬픔, 사랑, 쓸모없다는 느낌, 거부당하는 느낌 등) 지각하는 행동(당신이 걱정하고 있음을 지각하기), 해석하기, 일시적으로 회피하기, 감정적으로 철수하는 행동들이 이에 해당된다. 회기 중에 내담자가 보이는 거의 모든 것이 행동에 해당된다는 관점을 당신이 받아들인다면, 치료 중 어떤 특정 시점에라도 당신이 강화시킬 수 있는 가능성이 열리게 된다. 강화시킬 수 있는 다양한 행동의 종류 가운데 우리는 행동의 일부를 지칭하여 "임상적으로 관련된 행동들(CRBs)"이라고 명명한다. 그 행동들을 "임상적으로 관련된 행동"이라고 부르는 이유는 그 행동들이 내담자의 일상생활 속에서 발생하며 그 행동으로 인해 치료를 받게 되었기 때문이다.

몇몇 사례에서 임상적으로 관련된 행동들은 분명하게 구분된다. 예를 들어, 권위자와의 관계에서 불안을 경험하고 당황하게 되는 내담자는 치료자와의 관계에서도 동일한 문제를 갖는다. 그러나 다른 사례들에서 임상적으로 관련된 행동들은 기능적으로 파악될 수 있으며, 이 경우에는 분명하게 구분이 되기 어렵다. 예를 들어, 파트너가 표현하는 사랑과 보살핌을 진솔하지 못하다고(일종의 신뢰 문제) 보는 부적절한 성향 때문에 일상생활에서 관계적인 문제를 보이는 내담자를 고려해 보자. 이 내담자의 경우 치료자가 친절과 배려를 표현하는 이유는 자신이 돈을 지불했기 때문이라고 생각한다. 친밀한 파트너와 치료자 사이에는 차이점이 있기 때문에 앞의 행동들이 동일한 행동이 아니라고 여길 수 있다. 그러나 4장에서 살펴본 것처럼 행동은 맥락과 의미에 의해 기능적으로 평가된다. 이 사례에서 관심행동은 진실하고 솔직하게 남들을 "신뢰하는 것"에 해당된다. 기능적인 관점에서 보면 친밀한 관계에서 발생하는 신뢰 행동은 치료자와의 관계에서도 발생하며, 따라서 이것 또한 임상적으로 관련된 행동이다.

내담자가 자신의 신경증을 치료자에게 부과하는 의미를 지닌 정신분석에서의 전이라는 개념은 임상적으로 관련된 행동과 유사하게 여길 수 있다. 기능분석치료에 따르면 내담자의 일상생활 문제가 치료자와의 관계 맥락에서 분명 발생할 수 있다고 보

며, 정신분석과는 다르게 임상적으로 관련된 행동들에 대해 일
상생활로부터 치료 관계까지 일반화하여 병리가 아닌 정상적인
자극의 결과물로서 이해하는 관점이다. 다른 말로 하면, 기능분
석치료에서의 내담자와 치료자의 관계는 실제의 관계 양상에 해
당된다.

　임상적으로 관련된 행동은 세 가지 유형으로 구분되며, 이들
유형을 잘 구분하고 이해하는 것이 기능분석치료를 수행하는 데
있어서 핵심이 된다.

　임상적으로 관련된 행동1(CRB1)은 회기 중에 발생하는 내담자
의 문제행동들이다. 앞에서 언급한 신뢰문제행동과 사회불안행
동이 임상적으로 관련된 행동1의 예시가 될 수 있다. 분명히 말
하자면 신뢰문제를 이야기하고 권위자와의 어려움에 대해 이야
기하는 것은 임상적으로 관련된 행동이 아니다. 임상적으로 관
련된 행동1은 실제로 지금-여기에서 벌어지는 행동을 의미하며,
치료자와 관련된 "신뢰문제행동"이나 "사회불안행동"이 해당될
수 있다. 임상적으로 관련된 행동1은 정의에 따르자면 내담자
와 관련된 현존하는 문제이며, 치료자에게 마음을 열지 못하거
나 솔직한 감정과 개인적으로 바라는 것을 표현하는 데 어려움
을 겪는 것과 같은 정서적인 회피가 포함될 수 있다. 이러한 문
제들을 일상의 삶 속에서 구체화해 보면 친밀한 관계의 파트너,
부모, 직장동료, 친구와의 관계에서 마음을 열지 못하는 것, 원
하는 것을 요청하지 못하는 것, 감정을 진솔하게 표현하지 못하
는 것 등이 포함된다. 예를 들면, 아내에 의해 통제된다고 느끼

고 아내와의 관계에 수동적인 우울한 내담자가 거듭되는 회기에
서 치료 목표 설정에 아무것도 기여하지 않으면서 치료자가 제
안한 모든 사항을 수동적으로 받아들이는 경우를 들 수 있다.

임상적으로 관련된 행동2(CRB2)는 회기 중에 발생하는 내담자
의 향상된 행동을 의미한다. 초기의 기능분석치료에서 임상적으
로 관련된 행동2는 발생하지 않거나 또는 매우 미약하다(임상적
으로 관련된 행동1이 훨씬 강력함). 대다수 치료자의 공통된 주제
는 치료자에 대한 두려움, 버려진 느낌, 애정과 같이 일반적으로
회피하는 속 깊은 감정을 드러낼 수 있도록 내담자들을 격려하
는 것에 있다. 치료자와의 관계에서 감정을 드러내지 않기, 자신
을 차단하기, 이들 감정을 보류하기 등의 행동은 흔히 임상적으
로 관련된 행동1로서 발생할 수 있다. 그러한 사례에서 정서적
회피는 임상적으로 관련된 행동1이 되고, 치료 또는 치료자에 대
한 감정을 느끼고 표현하는 것은 임상적으로 관련된 행동2가 될
것이다. 비슷한 예로, 자신이 원하는 것을 다른 이들에게 요청하
지 않는 내담자의 경우 임상적으로 관련된 행동1은 치료자에게
요청을 하지 않는 것과 유사할 수 있다. 임상적으로 관련된 행동
2를 들자면 상담료 할인 요청하기, 상담 시간 변경 요청하기, 내
담자에 대한 진솔한 느낌을 치료자에게 요청하는 것 등이 포함
될 수 있다.

임상적으로 관련된 행동2의 정의는 "개선"이라는 단어에 달
려 있음에 주목하라. 임상적으로 관련된 행동2의 발생 여부를
알기 위해서는 임상적으로 관련된 행동1의 기준을 알고 있는 것

이 중요하다. 예를 들어, 자주 그리고 갑작스럽게 상담을 취소하고 그에 대한 설명도 하지 않는(명백히 임상적으로 관련된 행동1임) 내담자를 생각해 보자. 임상적으로 관련된 행동1로서 여러 차례 상담을 취소한 행동이 있은 후, 이 내담자는 치료를 취소했던 이유가 치료 회기 사이의 기간이 너무 길었기 때문이라고 처음으로 치료자에게 이야기했다. 상담 취소에 대한 해명이 이루어졌기 때문에 치료자는 지난번 상담 취소를 임상적으로 관련된 행동2로서 간주할 수 있으며, 회기 사이의 기간을 좀 더 짧게 줄이고 더욱 잦은 상담 회기를 제안함으로써 내담자를 강화할 수 있다.

임상적으로 관련된 행동3(CRB3)은 행동에 대한 내담자의 해석을 의미하며, 회기 중에 자주 발생한다. 내담자들은 종종 그들 자신의 행동에 대한 해석을 치료자에게 요청할 수 있다(예를 들어, "제가 자기주장을 하려고 할 때 왜 불안하게 느낄까요?"). 기능분석치료 관점에서 보자면, 강화와 처벌의 과거력을 언급하는 것이 더욱 기능적인 설명으로서 선호될 수 있다. 예를 들어, 만일 내담자가 "제가 가치 있는 사람이라는 것을 믿지 못하기 때문에 불안해집니다."라고 말한다면, 치료자는 "어려서 자기주장을 하거나 원하는 것을 요청했을 때마다 저는 혼나거나 벌을 받았습니다. 또한 스스로 가치가 없음을 느꼈습니다."라고 말할 수 있도록 기능적인 해석을 독려해 줄 수 있다. 기능적인 해석을 선호하는 이유는 그것이 치료적 해결책이 될 수 있기 때문이다. 예를 들어 "당신이 하고 싶은 것을 한번 요청해 보고 당신이 처벌받는지 아닌지 살펴보는 기회로 활용해 봅시다."라고 치료자는 반응할 수 있다.

임상적으로 관련된 행동1과 임상적으로 관련된 행동2 사이를 구분하지 못하면 치료에 반대되는 개입에 이를 수 있다. 남편에게 자기주장을 하는 것에 두려움을 느끼는 내담자를 치료하기 위해 인지행동치료와 이완훈련법을 사용하는 치료자를 고려해 보자. 몇 주간의 치료 후 치료자는 역할연기를 수행할 것을 제안했다. 내담자에게 셔츠를 다림질할 것을 요구하는 남편의 역할을 치료자가 맡고, 내담자는 자기주장에 대한 역할연기를 수행할 것을 제안했다. 내담자는 이 역할연기가 너무 작위적으로 보인다는 이유를 들며 정중하게 역할연기 수행을 거절했다. 치료자는 이것이 치료자에 대한 자기주장(내담자와 내담자 남편이 원하는 목표)을 의미하고 임상적으로 관련된 행동2라는 점을 인식하는 데 실패했고 내담자가 이전의 인지행동치료와 이완훈련법을 잘 이해하지 못했다고 지적했으며, 따라서 그들은 내담자가 역할연기를 더 잘 받아들일 수 있을 때까지 반복했다. 치료자가 좋은 의도를 지녔다는 것은 의심할 필요가 없지만 중요한 치료기회를 아쉽게 놓쳤고, 더 나쁜 것은 임상적으로 관련된 행동2를 처벌했다는 점이다. 따라서 치료자의 반응은 치료에 반대되는 개입이 되었다.

이 장의 앞부분에서 우리는 임상적으로 관련된 행동들의 유형 간 구분이 기능분석치료를 수행하는 데 있어 중요하다는 점을 강조했었다. 의도한 바는 아닐지라도 임상적으로 관련된 행동2를 처벌하고 임상적으로 관련된 행동1을 강화하는 것은 치료에 반

하는 개입이 된다. 효과적인 기능분석치료는 임상적으로 관련
된 행동2를 만들고, 다듬고, 강화하는 과정을 포함한다.

09

정서와 감정

내담자의 정서와 감정은 기능분석치료에서 중요한 역할을 수행한다. 그러나 이 주제에 대한 우리의 접근방법은 대부분의 다른 치료법들과 다르다. 관점에서의 차이점은 ① 감정이 무엇인지에 대한 설명, ② 정서와 감정이 문제행동을 유발하지는 않는다는 주장(회피할 때는 종종 문제가 됨), ③ 치료 회기 동안 내담자가 정서를 느끼는 것이 왜 중요한지에 대한 설명의 세 가지 측면으로 요약된다.

기능분석치료에서 "감정"이라는 용어는 사실 두 개의 단어이며, 각각 그 의미가 다르다. 감정의 단어 하나는 동사고, 다른 하나는 명사이다. 동사로서 사용될 때 감정은 행동이며, 보고 듣는 것과 같은 감각기관의 행동이다(행동주의자들 관점에서 '보는 것'은 행동이며, 우리가 행하는 무언가에 해당하며, 강화의 수반성에 의해 만들어짐). 명사로서 사용될 때 감정(정서도 마찬가지임)은 느껴지는 객체에 해당되고, "나는 감정(명사)을 느낀다(동사)."라는 문장 속에서 느껴지는 대상을 의미한다.

우리가 우울, 불안, 행복, 무망감을 느낄 때 그 대상은 무엇인 가? 행동주의적 관점에서 볼 때 감정의 대상은 우리의 신체라고 주장한다. 신체적 감정 과정에는 "내부수용성 감각"과 "자기수용 성 감각" 신경 시스템이 관련된다. 이들 신경 시스템은 공포, 분 노, 우울, 불안, 기쁨 등과 관련된 신체 부분들에 의해 자극을 받 게 된다.

감각이 경험된 그 특별한 상태에 신체는 어떻게 관여되는가? 그것은 우리의 독특한 학습 경험의 결과물이다(조작적 조건화, 반 응적 조건화, 연합된 언어적 과정들). 여기서 중요한 점은 공포, 분 노, 상처받음, 사랑 등의 감정과 관련된 신체적 상태의 궁극적인 원인을 외부 환경으로 본다는 점이다. 그러나 신체적 상태가 존 재한다고 해서 누군가가 그 감정을 자각하거나 묘사할 수 있다 는 것을 의미하지는 않는다.

우리가 '공'이 무엇인지를 알고 태어나지 않은 것처럼(심지어 는 알아차리지도 못함), 자신의 감정이 무엇인지에 대해서도 모르 고 태어난다. 주로 우리의 부모 그리고 양육자인 성인들에 의해 알게 되었음이 분명하다. 감정을 놓고 보면, 감정을 느끼는 대상 (신체)은 개인적이며 아이에게 감정을 알게 하고 인식할 수 있도 록 가르치려는 부모들은 어려움을 겪게 된다. 이와 반대로 아이 에게 공을 느껴 보도록 가르치는 것은 공을 지목하고 공의 명칭 을 발음해 주고 '공'이라고 말하는 반응을 강화시킬 수 있다. 따 라서 우리의 감정 경험에 대해 혼란을 겪는 것은 당연하다. "지금 어떤 감정을 느끼나요?"라고 질문했을 때, 내담자가 어리둥절해 보이고 "잘 모르겠습니다."라고 대답해도 놀라운 일이 아니다. 감정을 명명하는 것(심지어 인식하는 것)에 혼란스러움을 경험할 수 있을 뿐만 아니라 감정의 표현에 대해 상당한 제한이 있기 때문에 감정을 표현하거나 드러내는 것이 우리 문화 속에서 종종 처벌받기도 한다(Nichols & Efran, 1985). 결론적으로 내담자의 많은 문제는 ① 감정의 인식과 묘사, ② 부정적(또는 긍정적)인 감정을 불러일으키는 상황의 회피, ③ 감정에 대해 인식하려 하지 않거나(단절하기) 또는 "멍하게 있기" 등으로 인한 어려움들을 포함한다.

임상적으로 관련된 행동을 알아차리고 유발하는 과정(규칙1과 규칙2, 18장 참조)에서 당신은 당신의 내담자에게 치료 회기 동안 정서에 접촉하고 감정적일 수 있는 행동주의적 근거를 제공해 줄 수 있다. 기능분석치료자들에 따르면, 회기 중 감정을 경험하는 것의 중요성이 그저 카타르시스적 분출(예를 들면, "억압된 감정을 발산하기 위해서 뱉어 버리는 것이 좋습니다." 또는 "만일 당신이 감정을 억제한다면, 어떤 방법으로라도 밖으로 표출될 겁니다.") 때문이 '아니라는 점'을 강조해야 한다. 그 대신에 감정을 회피하는 것은 그 대가를 치러야 한다는 근거를 들어야 한다. 감정의 회피를 통해 결과적으로 자신의 내적(신체적) 상태와 외적(대인관계적) 환경을 이해하지 못하게 되고, 감정을 불러일으키는 상황에 대한 의도적인 회피(예를 들어, 잠재적인 친밀한 관계에 거리를 두는 것)를 알아차리는 기회를 놓치게 된다. 따라서 감정의 부재는 치료를 방해하고 동시에 일상생활의 다른 영역을 해치게 된다. 정서적인 표현은 내담자들로 하여금 그들 자신과 세상에 접촉하는 이정표의 역할을 하며 자신의 삶을 개선할 수 있는 새로운 방식으로 행동하는 방법을 배울 기회를 제공하기 때문에 매우 중요하다. 예를 들어, 헤어진 관계에 대한 슬픔을 회피하는 내담자에게 이렇게 이야기할 수 있다.

마음껏 슬퍼하는 것이 중요합니다. 왜냐하면 만일 당신이 과거 배우자에 대해 생각하고, 감정을 느끼고, 이야기하는 것을 회피한다면, 당신이 이전에 함께했던 활동들 또는 당신이 과거 배우자와 가졌던 동일한 감정을 불러일으킬 수 있는 새로운 사람들과의 만남을 결국 기피하게 만들 수 있기 때문입니다. 더 좋지 않은 것은, 당신으로 하여금 당신의 개인적인 친밀감에 대한 인식 자체를 닫아 버리게 만들 수도 있습니다. 이러한 모든 것을 회피함으로써 당신 삶의 풍요로움이 방해받을 뿐만 아니라 무엇이 잘못되었는지 찾을 수 있는 기회를 잃게 되고, 비슷한 문제를 맞닥뜨릴 때 당신과 가까운 누군가를 대할 수 있는 새로운 방법을 배우기 위한 기회를 상실할 수 있기 때문입니다.

정서적 회피를 줄이는 데 도움이 될 수 있는 또 다른 개입으로는 회기 중 기피를 불러일으키는 상황(임상적으로 관련된 행동1)을 다시 재현하는 방법이 있다. 예를 들어, 다른 사람들로부터 보살핌 받는 것을 수용하는 데 어려움을 느끼는 내담자(다른 이들이 돌봄을 표현하는 것에 대해 회피하는 내담자)가 다른 사람들과 교류하면서 친밀감 같은 그들의 감정을 표현하는 데 도움이 필요한 경우라면, 우리는 치료자로 하여금 내담자에게 적극적으로 보살핌이나 연결감과 관련된 정서 표현을 하도록 독려해 준다.

규칙3(21장 참조)과 마찬가지로 정서 표현에 대한 치료자의 반응은 정서적 회피의 감소를 이끌고 치료적 개선을 위해 도움이 되는 자연스러운 강화로 연결되는 것이 이상적이다. 스스로의 또는 다른 사람의 정서적 표현에 불편해하는 치료자는 이러한 격려를 제공하지 못하며, 의식하지 못한 채 내담자의 정서적 접촉과 표현에 처벌을 가할 수 있다. 이런 능력이 부족한 유형의 치료자는 정서적 반응을 불러일으키는 자극과의 접촉 증가를 필요로 하는 내담자를 대상으로 작업을 잘 진행할 수 없을 것이다. 따라서 치료자는 자신에 대한 이해를 위해 부단히 노력해야 하며, 자신의 문제를 다루는 작업에 꺼려하지 않아야 한다. 내담자의 감정 문제를 더욱 효과적으로 도울 수 있도록 치료자들 스스로 자신의 회피적 주제와 관련된 탐색을 해 볼 수 있는 질문들에 대해서는 19장을 참조하라.

10

자아의 경험

정서와 감정의 문제처럼 자아는 많은 내담자의 문제 속에서 매우 중요하다. 예를 들면, "나는 자존감이 없습니다." "나는 내가 어떤 사람인지 모르겠습니다." "나의 진정한 자아를 찾기를 원합니다." "가족들이 말하기를 최근에 나답지 못했다고 합니다." 등의 호소를 들 수 있다. 자아는 사실 심리치료의 역사 속에서 핵심적인 주제로 다루어져 왔으며, 자아에 대한 많은 이론이 발전되어 왔다(Deikman, 1973; Erikson, 1968; Kohut, 1971; Masterson, 1985).

어쩌면 행동주의자들까지 이 주제에 대해서 할 얘기가 있다는 점에 놀랐을 수 있다. 행동주의자들 관점에서 보면 자아를 경험하거나 인식하게 되는 것은 일종의 행동이다. 누군가 좋은 영화를 경험하거나 따뜻한 햇볕을 피부에 느끼는 것과 마찬가지로 사람은 자신의 자아를 경험하거나 인식할 수 있다.

자아란 무엇인가? 많은 사람에게 있어서 자아는 모든 다른 경험에 걸쳐서 항시 존재해 왔던 것이다. 생각하고, 보고, 느끼고, 원하는 등의 것들은 시간의 흐름에서 변화할 수 있지만, 자아에 대한 경험은 안정적인 속성을 지니며 생각하고, 보고, 느끼고, 원하는 행동이 일어나는 것으로부터의 변함없는 관점을 의미한다. 모든 행동과 마찬가지로 자아를 경험하는 것도 학습된다. 이전 장에서 논의된 것처럼 정서와 감정에 대해 학습된 것이 다양하듯이 자아와 관련되어 학습되는 것의 본질도 안내 방식에 따라 달라질 수 있다. 그러나 자아 또는 다른 사적인 사건들의 경험과 관련해서 학습이 매우 까다롭고 문제가 발생할 소지가 매우 높다는 점이 밝혀졌다.

 '공'이라는 단어를 배우는 아이를 고려해 보자. 실제 공을 보면서 그 아이가 "공"이라고 말하게 되면, 그 아이의 부모 또는 보호자는 옳게 명명한 것에 대한 강화의 의미로 기쁨을 표시하거나 칭찬을 할 것이다. 공이 아닌 것을 보고 그 아이가 "공"이라고 말하게 되면, 부모는 정정해 주거나 반응하지 않을 것이다. 이런 방식으로 반복되는 사례들 또는 이러한 사례의 범위를 벗어나는 행동주의적 절차(Hayes, Barnes-Holmes, & Roche, 2001)를 통해 아이는 정확하게 공을 인식하는 방법을 학습하게 된다. 이러한 과정은 비교적 단순한데, 부모로서 공의 존재 여부를 확인함으로써 아이가 "공"이라고 명명한 것이 옳은지 쉽게 가늠할 수 있기 때문이다.

 '배고픔'이라는 단어를 배우는 아이를 고려해 보자. 공의 경우처럼 배고픔을 경험했을 때 아이가 "배고픔"을 명명(또는 기능적으로 동등한 "나는 음식물을 원해요." "먹을 것!" "먹을래." "배고파요."
라고 말하는 것)하고 다른 경험에서는 그렇게 명명하지 않기를 바
란다. 여기에서 부모로서의 과제는 분명 공의 사례보다 더 어렵
다. 배고픔이란 개인적인 경험이고 부모가 시각이나 촉각을 이
용해 쉽게 파악할 수 있는 공적인 대상물이 아니기 때문에 인식
하기가 훨씬 어렵다. 부모는 아이의 마지막 식사 이후 지나간 시
간의 양, 최근에 아이가 얼마나 먹었는지, 혹은 아이의 짜증을
파악하고 난 후, "네가 배고픈 게로구나."라고 짐작할 수 있다.
물론 세심한 부모는 이러한 문제에 대부분의 경우 성공적으로
대응하지만, 가장 적절히 대응하는 부모일지라도 그들이 '공'의
경우만큼 '배고픔'에 대해 정확하지는 못할 것이다.

　일부의 부모는 불행하게도 배고픔이나 또는 다른 사적인 경험
들에 대해 전혀 정확하게 대처하지 못할 것이다. 그 부모의 경우
아이의 배고픔에 대한 사적인 경험을 전적으로 무시하고 아이
의 식사시간에 대한 유일한 지표인 시계에 의존할 수 있고, 또는
아이의 경험을 고려하기 전에 그들 자신이 배고플 때까지 기다
릴 것이다. 어떤 경우에는 배고픔을 명명하는 아이의 초기 시도
에 대해 아이의 짜증 또는 울음을 처벌하면서 시도 자체를 묵살
해 버릴 수도 있다. 행동주의자의 관점에서 보면, 성인으로서 자
신의 배고픔에 대한 경험의 정확도와 신뢰도는 그러한 경험이나
다른 학습 경험에서 기능의 역할을 지닐 수 있고, 어떻게 지도받
는가에 따라서 그 정확도는 정확하고 신뢰로운 수준에서부터 부
정확하고 혼란스럽고 다른 이들에게 의존적인 수준까지 다양한

스펙트럼을 보일 것이다. 누군가에게 배고픈지 물어보았을 때, 형편없는 학습 과정을 거친 성인의 경우 지금 실제로 배가 고픈 경우일지라도 자신의 개인적인 경험을 인식하지 못한 채 "몰라. 너는 어때?" 또는 "아니."라고 대답할 것이다. 그런 사람들은 지금 당장의 맥락 속에서 음식물을 눈으로 볼 때까지 배고픔을 인식하지 못한다.

임상적 관심 대상인 많은 개인적인 경험이 배고픔의 사례와 유사하다. 우리는 반드시 우리의 정서, 바람, 욕구, 환상, 기억 등을 명명하고 인식하는 방법을 배워야 한다. 이러한 방법을 성공적으로 학습했을 때, 다른 모든 경험 전반에 걸쳐 존재하고 지속되는 경험으로 볼 수 있는 '자아를 인식하고 경험하는 방법'을 성공적으로 배울 수 있게 된다. 따라서 우리의 자아 경험은 정확하고 신뢰할 수도 있고 혹은 부정확하고 혼란스러우며 다른 사람에 의존할 수도 있다. 달리 말하자면, 누군가는 정확성과 신뢰성을 갖고 "나는 내가 어떤 사람인지 알아요."라고 말할 수 있지만 다른 누군가는 "나는 내가 어떤 사람인지 모르겠습니다."라고 말할 수도 있다. 이 이론에 따르면, 경계선 성격장애나 자아와 관련된 심리장애(예를 들면, 해리성 정체감 장애)를 진단받은 내담자들이 보이는 자아와 관련된 심각한 문제들은 사적인 경험에 대해 심각하게 혼란스럽고 방치적이며 외상적이고 잘못 타당화한 학습 과정의 기능으로 인한 것일 수 있다(Kohlenberg & Tsai, 1991).

따라서 기능분석치료자들은 자아와 관련된 문제를 작업하기에 어떤 이론적 장애물도 가지고 있지 않으며, 사실상 작업을 훌륭히 완수할 수 있는 이론적 입장을 가지고 있다. 자아의 경험은 넓은 연속선상에서 개념화할 수 있는데, 경험에 대해 완전한 사적 통제가 이루어지는(정확하고 신뢰성 있는 자아표현으로 귀결되는) 수준에서부터 완전한 공적 통제가 이루어지는(자아표현이 없거나 부정확하고 혼란스럽고 의존적인 자아표현으로 귀결되는) 수준까지 다양한 연속선상에서 개념화할 수 있다. 치료적 작업은 경험에 대한 사적 통제를 만들어 가는 것이고, 기능적으로 사적 통제를 이루기 위한 기회를 부여하기 위해 많은 치료 시간을 할애하게 된다. 의제 설정, 과제물 부여, 간단한 질문, 심지어는 치료를 위한 오해까지 모든 것이 내담자로 하여금 자아표현을 촉발하고 강화할 수 있는 기회로서 활용할 수 있다. 기능분석치료에서 자아 경험의 문제들은 임상적으로 관련된 행동1이 되고, 전반적인 기능분석치료 기법들은 자아 경험의 문제들을 다루고 변형시키는 데 사용할 수 있다(Kohlenberg, Tsai, Kanter, & Parker, 2009b).

11

친밀감과 애착

　친밀한 관계 속에서 만족감을 경험하는 것은 행복감과 웰빙의 가장 중요한 원천으로 여겨진다(Russell & Wells, 1994). 친밀한 타인과의 지속적인 상호작용의 결여는 불안 및 기분장애로부터 약물 남용에 이르기까지 다양한 임상적 문제가 시작되거나 지속 되고 있거나 재발됨을 암시할 수 있다(Burman & Margolin, 1992; Gable & Reis, 2006; Pielage, Luteijn, & Arrindell, 2005; Van Orden, Wingate, Gordon, & Joiner, 2005). 따라서 우리의 내담자들로 하 여금 그들의 삶 속에서 좀 더 많은 친밀한 관계를 만들도록 돕는 것이 일반적인 치료 목표에 해당될 수 있다.

　우리가 정의한 것처럼 친밀감이란 연결감, 애착 그리고 다 른 사람과의 친밀한 관계에 이르게 하는 속 깊은 생각이나 감 정의 공개를 포함한다. 연결감이란 엄마와 유아 사이에서 발전 하는 관계에 대해 기술한 Bowlby(1969) 주장의 성인 버전이다. Bowlby의 기본 가설에 따르면, 생존의 수반성(자연선택) 때문에 엄마와 유아 사이에 애착행동이 형성되었다는 의미이다. 다른 말로 하면, 힘든 상황마다 주 양육자에게 매달리는 행동이나 도움을 바라는 행동을 보이는 등의 애착행동에는 강력한 강화가 선행한다는 의미이다. Bowlby의 가설은 기능분석치료의 행동주의적 가설과 일맥상통한다(Kohlenberg et al., 2009a; Mansfield & Cordova, 2007).

두말할 필요도 없이 마음을 열고 애착을 갖게 되고 그런 이유로 다른 사람들과 연결감을 경험하는 능력에는 상당한 개인차가 존재한다. 애착에 대한 초기 연구는 유년기 과정을 검토하였지만, 최근에는 그 초점이 낭만적인 관계를 비롯한 성인의 애착 표현에까지 확장되었다(Meyer & Pilkonis, 2001). 친밀한 관계에서 경험된 수반성의 역사에 기초하여 형성된 다양한 수준의 애착 목록이 친밀한 관계에 관여하는 사람들의 성향에 영향을 미친다. 예를 들어, 거절에 대한 두려움이나 이로 인한 친밀한 관계의 발전에 미치는 영향은 친밀한 행동과 관련된 강화와 처벌의 개인력으로 인한 결과물이 분명하다. 애착이론가들에 따르면 이러한 행동적 목록들에 대해 안정 유형, 불안-양가 유형, 불안-회피 유형으로 분류하고, 그들 각각에 대해 내담자(또는 치료자)가 관계 속에서 편안함과 신뢰를 느끼는지, 버림받을까 봐 두려워하는지, 방어적으로 분리되는지의 여부로 기술하였다(Meyer & Pilkonis, 2001, p. 466). 문헌에 대한 Meyer와 Pilkonis의 간략한 리뷰에 따르면, ① 양육자에 대한 아이의 애착 방식, ② 낭만적 파트너에 대한 성인의 애착 방식, ③ 치료자에 대한 내담자의 애착 방식 사이에는 유사성이 존재했다. 다른 말로 하면, 애착관계의 형성은 이들 서로 다른 맥락 속에서 기능적으로는 동일하다는 것이다.

기능분석치료에서의 친밀감은 내담자로 하여금 마음을 열게 하고 가슴 깊이 담고 있는 비밀을 털어놓도록 유도하는 것을 포함하는데, 심지어 밀착되거나 의존적인 경우일지라도 특정한 내담자를 위해 그것이 임상적으로 관련된 행동2로 분석된다면 그렇게 할 수 있다. 이러한 유도 과정을 통해 임상적으로 관련된 행동2로 분류될 수 있는 향상된 친밀감 행동을 촉발하고 강화하는 상황이 조성된다. 우리가 지금 언급하고 있는 "친밀한 관계 형성"의 용어는 "치료적인 친밀한 관계 형성"이라고 명명될 수 있다. 이렇게 구분하는 이유는, 치료자에게 애착형성이 이루어지고 의존적이 되고 도움을 의지하게 되는 양상은 치료 장면 밖에서의 친밀한 관계에서 보이는 동일한 양상과 비교할 때 장소의 측면(기능적인 측면이 아님)에서 차이가 있다고 믿기 때문이다. 내담자로 하여금 처벌받지 않을 것임을 믿고 시도해 볼 것을 치료자의 입장에서 암묵적으로 또는 명시적으로 요청하게 된다.

따라서 기능분석치료의 관점에서 보면 이상적인 치료적 관계는 친밀감 발전을 방해하려는 내담자의 행동(임상적으로 관련된 행동1)을 촉발하는 한편, 친밀감을 만들어 내는 행동의 향상(임상적으로 관련된 행동2)을 자극하고 강화하는 것이다. Cordova와 Scott(2001)에 따르면, 점점 더 친밀해지려는 것은 위험 감수와 두려움을 동반한다. 애착과 연결감을 두려워하는 이유는 과거

(어쩌면 유아기 때로 거슬러 갈 수도 있음)에 그러한 행동 때문에 처벌받았기 때문이다. 따라서 좀 더 깊은 연결감을 가지려면 인간관계적으로 취약한 상태에 이를 수 있다. 내담자로 하여금 정서적으로 친밀한 표현을 할 수 있도록 돕는 과정에서 치료자가 인간관계적으로 취약한 행동들(임상적으로 관련된 행동2)을 자연스럽게 강화하는 것은 필수적으로 이루어진다. 내담자의 일상적인 삶에서도 친밀감의 표현은 일반적으로 다른 사람의 증가된 관심, 주의 집중, 상호 간의 자기개방에 의해 강화된다. "말씀해 주셔서 감사합니다."처럼 부자연스럽고 작위적인 반응은 아마도 자연스러운 강화물이 되지 못할 것이다. 친밀한 누군가를 상실한 슬픔을 드러내어 표현하는 내담자의 경우, 치료자로서 그러한 슬픔에 대한 깊이를 기꺼운 마음으로 경청하면서 어떻게 그 상실감을 견뎌왔는지에 대해 치료자가 느낀 깊은 슬픔의 감정을 표현하는 반응을 보여 준다면 가장 효과적일 수 있다.

친밀한 관계를 형성하고 유지하기 위해 내담자들은 자기개방의 위험이 요구될 뿐만 아니라 타인의 친밀한 인간관계적 행동을 강화하는 방법을 학습해야만 한다. 따라서 치료자의 인간관계적으로 취약한 표현들 또한 내담자에 의해 강화되어야만 한다. 예를 들어, 한 주 동안 내담자를 많이 생각했었다고 드러냄으로써 내담자에 대한 돌봄과 염려를 표현하는 치료자의 예를 생각해 보자. "그것은 내가 당신에게 상담료를 지불해서 그런 거죠."라고 말하는 내담자의 반응은 치료자의 자기공개를 처벌하는 의미가 될 것이다. 이 경우 치료자로서 임상적으로 관련된 행동1을 지적해 줄 기회가 될 수 있으며, 그 행동은 내담자로 하여금 관계가 깊어질 기회를 차단한 행동이라고 볼 수 있다. 예를 들어, 내담자가 "당신이 나를 이렇게 생각해 준다는 점에 조금 놀라기는 했지만 감동받았습니다. 믿기 어렵게 여겨지기도 하지만 이렇게 누군가가 나를 염려해 준다는 것이 나에게는 새롭습니다."라고 말한다면 이는 임상적으로 관련된 행동2가 될 수 있다.

내담자의 연결감 증진 행동을 강화하는 것에 부가해서 치료적인 친밀감 관계를 발전시켜야 하는 설득력 있는 또 하나의 이유가 있다. Sharpley(2010)에 따르면, 치료자-내담자 애착(Bowlby와 같은 방식으로)이 치료적 동맹의 기저를 이루는 일반적인 요소이며, 모든 종류의 심리치료에서 치료적 향상의 공통 요인으로서 제안되었다. 기능분석치료자들에 따르면, 내담자로 하여금 친밀한 관계를 형성하는 방법을 배우게 하는 '신뢰할 수 있고 안전한 공간'으로 묘사(15장 참조)할 수 있는 환경, 즉 공감적이고 촉발적이며 강화하는 환경을 만드는 데 전념해야 한다.

12

인지와 신념

 행동적 치료 접근법으로서 기능분석치료는 인지와 신념에 대해 어떻게 다루고 있을까? 2장에서 논의되었던 것처럼 '행동주의자들은 인지와 신념의 존재를 부정하며 관찰할 수 없는 마음속 블랙박스에는 어떤 것도 존재하지 않는다.'라고 행동주의적 배경지식이 없는 많은 사람이 배워 왔을 수 있다.

 이러한 행동주의에 대한 오해는 기능분석치료와 아무런 관련이 없다. 기능분석치료에서는 내담자가 행하는 모든 것(행동하기, 사고하기, 신뢰하기, 사랑하기, 느끼기, 희망하기 등)을 중요하게 받아들인다. 행동주의자들은 정신 내적 경험을 부정하지 않는다. 행동주의자들은 다른 경험을 설명하기 위한 존재로서 그러한 정신 내적 경험들을 다루지 않을 뿐이다. 예를 들어, 인지적 이론에 따르면 인지도식 같은 인지적 체계가 외현적인 행동뿐만 아니라 구체적인 자동적 사고를 야기한다고 주장한다(Clark, Beck, & Alford, 1999). 행동주의자들은 인지적 체계 또는 인지도식이 존재하지 않는다고 주장함에도 불구하고, 생각의 경험과 과정 그리고 사고 자체에 깊은 관심을 가지고 있다.

사고가 행동을 초래하는가의 여부는 상당히 어려운 사안이고, 행동주의자들은 오랫동안 이 사안에 대해서 다소 일관적이지 못하였다. 사고를 원인으로 보는 견해의 첫 번째 장애물은 실용적 측면 때문인데, 전통적으로 행동주의자들은 환경적 조건의 조작이 가능하기 때문에 환경에서 원인을 찾는 것을 선호한다. 그러나 초기의 행동적 개입들에서 종종 행동적 사고-중지 개입을 포함시켜 왔고, 현대 인지치료자들에 따르면 인지치료 기법이 사고를 변화시키는 데 매우 효과적이라는 것에 대해 합리적으로 주장하고 있다. 따라서 사고를 조작하는 것이 불가능하다는 주장은 오늘날 심리치료 환경에서는 강한 설득력이 없다.

사고를 원인으로 보는 견해에 대한 두 번째 논쟁은 이론적이다. 사고하는 것을 하나의 행동으로 보기 때문에 하나의 행동(사고하기)이 다른 행동을 초래한다고 주장하게 되면 행동의 원인을 행동적 시스템의 외부에서 찾고자 하는 우리의 입장에서는 이론적으로 문제의 소지가 있다. 언어와 인지에 근간한 전통적인 행동적 설명(Skinner, 1957)과 비교적 현대적인 설명(Hayes et al., 2001) 모두에서 분명히 주장하는 바에 따르면, 사적인 사건으로서의 사고는 이끌어 내거나 촉발하는 기능과 같은 자극으로서의 성향을 지니고 있다. 다른 말로 하면, 누군가가 생각하는 것은 그 사람의 정서와 행동에 영향을 미칠 수 있다는 것이다. 기능분석치료의 관점에서 보면, 사고가 행동에 영향을 미칠 수 있다는 점을 부정하는 행동주의자는 누구나 불가피하게 독단적으로 보일 수 있다. 따라서 오늘날의 행동주의는 언어와 인지에 대한 풍부하고 정교한 설명을 포함하고 있고, 언어와 인지가 외현적 행동에 어떻게 영향을 미치는지에 대한 설명까지 포함하고 있다.

기능분석치료의 관점에서 보았을 때, 인지의 역할을 부정하는 행동주의자들과 마찬가지로 "임상적으로 관련된 모든 외현적 행동이 인지적 원인을 갖고 있다."라고 주장하는 인지주의자들 역시 독단적일 수 있다. 기능분석치료에서 사고는 때때로 행동에 영향력을 미치고, 때때로 그렇지 않은 경우도 있다(Kohlenberg, Kanter, Tsai, & Weeks, 2010). 사고가 행동에 영향을 미칠 수 있다는 가능성을 인정함에도 불구하고, 기능분석치료는 사고와 행동의 관계에 대한 결정 요인으로 개인의 과거와 현재의 맥락을 탐구해야 한다는 행동주의적 세계관을 간직한다. 이 세계관에 따르면, 사고가 행동에 영향력을 미치는지의 여부는 다른 맥락적 요소에 따라 달라질 수 있다.

예를 들어, 공황발작이 재발된 내담자를 생각해 보자. 그 내담자에 따르면, 공황발작이 버스에 오르는 것에 의해 촉발되었다고 보고했다. 그리고 버스에 오르는 동안 공황과 관련된 사고를 했는지 물어보았을 때 대답하기를, "네, 제가 버스에 갇혔고 버스에서 쉽게 내릴 수 없을 것이라는 생각을 했고, 얼마 지나지 않아 공황이 시작되었던 것을 기억합니다." 이 사례에서 내담자의 사고가 공황의 촉발과 관련해서 영향력을 끼쳤다고 볼 수 있다. 따

라서 전통적인 A-B-C 인지 모델을 적용할 수 있는데, A는 선행
사건(버스에 타는 것), B는 개입된 신념이나 인지("나는 갇혔다."),
C는 정서적인 결과물(공황)을 의미하며, 기능분석치료자들은 이
모델을 치료의 일부분에서 유용하게 사용할 수 있다.

　버스 승차 시의 공황과 관련된 사고에 대해 질문하였을 때 내
담자가 "저는 아무것도 못 느꼈어요. 공황은 제가 버스에 앉자마
자 바로 나타났어요. 사실 저는 제 일에 대해서 생각하고 있었습
니다."라고 대답했다면, 인지치료자들과 기능분석치료자들은 서
로 다르게 반응할 것이다. ABC 모델을 독단적으로 고수하는 인
지치료자라면, 내담자들 스스로 알아차릴 수 없을 만큼 사고가
너무 빠르게 떠오르기는 하지만 깊이 고찰하면 논리적으로 틀림
없이 사고가 존재한다고 설명하면서 그 상황에서 빠르게 스쳐
지나가며 공황을 촉발시킨 자동적 사고에 대한 탐구를 지속했을
것이다. 기능분석치료자라면, 사고의 개입 없이 버스에 오르는
것만으로도 공황이 직접적으로 촉발될 수 있다고 믿기 때문에
아마도 그렇게 반응하지 않을 것이다.

　더군다나 다른 가능성도 존재한다. 예를 들어, 버스에 오르는
것이 공황과 관련된 사고와 공황증상을 둘 다 동시에 초래할 수
있다. 다른 말로 하면, 공황과 관련된 사고가 떠올랐지만 그 사
고가 공황을 초래하지 않을 수 있다. 그 대신에 버스에 오른 것
이 직접적으로 공황증상을 초래하였고, 그리고 난 후 공황증상
이 사고를 불러일으킨 것이다. 이것은 A-B-C 모델이 될 수 있
다(Kanter, Kohlenberg, & Loftus, 2004). 요컨대, 기능분석치료

에 근거를 두는 행동주의적 세계관은 매우 유연하며, 전통적인 A-B-C 모델에 대해 사고와 감정의 관계에 대한 많은 설명 가운데 하나로 본다는 것이다.

치료적인 관점에서 보자면, 이러한 행동주의적 세계관은 기능분석치료자에게 다양한 치료적 개입의 가능성을 열어 준다. A-B-C 모델을 적용하였을 때, 인지치료 기법들(예를 들어, Beck, Rush, Shaw, & Emery, 1979)이 기능분석치료자들에 의해 사고를 수정하는 데 사용될 수 있다. 사실 인지치료의 기법에 기능분석치료 기법을 추가시키기 위해 상당한 이론적 · 실증적인 작업들이 이루어졌으며, 그 결과 '기능분석치료가 추가된 인지치료'의 이름으로 FECT(FAP-Enhanced Cognitive Therapy)가 만들어졌다 (Kohlenberg, Kanter, Bolling, Parker, & Tsai, 2002). 기능분석치료가 추가된 인지치료에서 치료자들은 A-B-C 모델의 적용 여부에 대해 각각의 상황별로 평가한다. A-B-C 모델의 적용이 필요하다고 평가되면 인지적 기법들을 사용하는데, 그렇게 하는 가운데에서도 기능분석치료자들이 하는 방식처럼 임상적으로 관련된 행동들이 발생하였을 때에는 기능분석치료 과정으로 전환하기 위한 준비를 갖추고 있다. 기능분석치료가 추가된 인지치료에 대한 더 자세한 논의는 26장('다른 치료 기법에 대한 개방성')에서 제공된다.

심지어 A-B-C 모델이 적용된 사례일지라도, 기능분석치료자로서 인지적 재구조화를 사용하기 전에 추가적인 고려 사항이 유용할 수 있다. 우선, 사고가 임상적으로 관련된 행동의 원인으로서 작용한 사례일지라도, 행동주의적 연구와 이론(Hayes, Strosahl, & Wilson, 1999)에 따르면 전통적 인지치료처럼 사고를 수정하는 방법이 최상 또는 가장 유용한 접근법이 아닐 수 있음(Longmore & Worrell, 2007)을 제안한다. 기능분석치료자는 내담자의 사고 내용을 직접적으로 바꾸려 하기보다는 수용전념치료(ACT) 기법으로써 내담자의 사고를 수용하고 완화시킬 수 있도록 돕는 방법을 선택할 수 있다. 기능분석치료와 수용전념치료의 통합에 대한 몇몇 공개 토론과 사례 연구가 진행 중이다(Baruch, Kanter, Busch, & Juskiewicz, 2009a; Callaghan, Gregg, Marx, Kohlenberg, & Gifford, 2004; Kohlenberg & Callaghan, 2010).

  기능분석치료가 추가된 인지치료의 우세가 예상되었지만, 인지치료의 사고 수정 기법에 비해 사고에 대한 수용전념치료의 수용-기반 접근법이 결과적으로 기능분석치료에 더 적합할 것으로 보이는 몇 가지 이유가 있다. 첫째, 수용전념치료와 기능분석치료는 모두 공통적으로 행동주의의 공통된 기반을 가지고 있다는 점이다(비록 수용전념치료가 이러한 철학에 대해 기능적 맥락주의라고 재구성하고 새롭게 명명하였지만). 둘째, 인지치료는 좀 더 의학적 관점인 증상 감소에 최종 목표를 두고 있는 데 반해, 수용전념치료와 기능분석치료 모두 내담자의 공식적인 목표와 가치에 부합하는 행동적 변화를 최종 목표로 삼고 있다. 마지막으로, 인지치료의 치료적 관계는 기능분석치료와 비교해서 자연스럽게 꼭 들어맞지는 않는 데 반해, 수용전념치료자의 수용적인 태도는 공감적으로 연결된 기능분석치료자들의 접근법과 매

우 잘 들어맞는다. 사실 수용전념치료 기법들은 치료자로 하여
금 내담자와 치료자 사이의 지금 현재 경험에 집중하도록 유도
하는데, 수용전념치료를 진행하는 동안에도 기능분석치료 과정
으로 변경할 수 있는 손쉬운 기회들을 제공하는 모습이다.

13

숨겨진 의미

만일 아내가 남편에게 "우유가 다 떨어졌어요."라고 말한다면, 아내의 말이 의미하는 것은 무엇인가? 단지 냉장고 안에 우유가 없다는 것을 의미하는가? 또는 남편에게 가게에 갔다 오라고 부탁하는 것인가? 또는 가게에서 우유를 사오는 약속을 남편이 잊어버린 것에 대해 짜증을 내는 것인가? 비슷한 예로, 만일 내담자가 "저는 무엇을 해야 할지 모르겠어요!"라고 말한다면, 내담자가 의미하는 것은 무엇인가? 단지 혼란스러운 상태를 묘사하는 것인가? 또는 치료자가 몇 가지 제안을 해 줄 것을 상기시키고자 하는 것인가?

행동주의자들에게 있어서 진술된 말의 의미는 그 기능에 해당된다. 그 말이 궁극적으로 얻고자 하는 바가 무엇인가? 언어적 행동으로 여길 수 있는 말을 포함해서 행동이라고 하는 것은 우리가 의식하지 못하는 기능을 가질 수 있다. 예를 들어, 우리가 "우유가 다 떨어졌어요."라고 하는 말은, 우리가 의식하지는 못하지만 파트너로 하여금 가게에 갔다 오라고 요청하는 것을 담고 있을 수 있다.

　언어적 행동(예를 들어, 말하기, 생각하기, 글쓰기)과 관련된 숨겨진 기능(즉, 숨은 의미)을 따져 보는 것은 특히 중요하다. 우리의 내담자들은 때때로 표면적으로 드러난 것보다 더 많은 이야기를 한다. 기능에 대한 행동적 개념을 이해하게 되면 이러한 진실을 깨우치고 언어의 복잡성을 체계적으로 조사하는 유용한 수단을 얻을 수 있다(Kohlenberg & Tsai, 1991; Tsai et al., 2009c). 일상 속에서 우리는 언어적 표현이 외관상의 또는 표면적인 의미를 가지고 있다고 말한다. 예를 들어, 앞에서 언급한 "우유가 다 떨어졌어요."라는 말은 외관상으로 단지 냉장고 안에 우유가 없다는 것을 의미한다. 우리는 이 말에 대한 진위를 평가해 볼 수 있고, 그리고 말의 의미에 대해 관습적인 분석을 통해 그 외관상의 의미에서 멈추게 된다. 그러나 완전한 행동 분석을 하게 되면 "그 말이 어떤 기능을 수행하는가?"라는 질문과 관련해서 그 말이 이루어진 맥락을 분석하게 된다. 행동 분석을 하게 되면 말의 의미는 표면적인 수준을 넘어서서 그것의 기능으로까지 확장된다. 우유가 더 이상 없는 것이 사실일지라도 더 답변해야 할 부가적인 질문들이 있다. '왜 그것을 조금 일찍 또는 나중에 얘기하지 않고 지금 얘기하지?' '어디에서 그 말을 했지?' '말한 직후 무슨 일이 발생했지?' '과거 이와 같은 경우에 말한 사람과 듣는 사람에게 어떤 일이 일어났는가?' 따라서 이 단순한 말, "우유가 다 떨어졌어요."의 주변부에는 전체적인 상황이 둘러싸고 있다. 이러한 말이 진술된 경우, 우리는 셀 수 없이 많은 상황을 상상할 수 있다.

동일한 발언이 여러 다른 상황 속에서 나올 수 있는 것처럼 가장 분명해 보이는 기능 외에도 다양한 기능이 존재할 수 있다. 일상 속에는 숨은 의미가 분명해 보이는 말의 예들이 많이 있다. 10대 청소년이 비꼬는 말투로 "와우, 깨우쳐 주셔서 감사해요!"라고 한다거나 이웃사람이 옷장을 들고 첫 발을 떼면서 말하길 "아저씨, 이거 정말 무겁네요." 등의 예시가 있다. 앞에서 말했듯이 이러한 말들의 숨겨진 의미는 비교적 분명해 보이며, 화자나 청자 모두 여러 가지 의미를 알고 있다.

기능분석치료자들이 명심해야 하는 중요한 점은 치료적 관심 행동의 숨은 의미가 의도 없이 이루어질 수도 있고 의식하지 않고 이루어질 수도 있다는 것이다. 혼란스러움을 느끼면 "내가 무엇을 해야 할지 모르겠어요."라고 말하고, 정신이 멍해지고 공황이 느껴지면 애절하게 치료자를 응시하던 내담자의 경우, 과거 자신의 혼란스러움을 주변 사람들에게 호소하고 남들이 그녀를 위해 행동을 취해 주었던 맥락 때문에 스스로의 행동을 의식하지 못한 채 반복하고 있을 수 있다. 이러한 예시는 자살 위협과 직접적으로 비교될 수 있는데, 표면적으로는 자해를 하려는 의도를 주변 사람에게 알릴 의도가 있지만 도움이나 주목을 받으려는 요청이 은밀하거나 숨겨진 채 이루어지기 때문에 비슷하다. 이 사람의 경우 과거 가족이나 보호자로부터 그러한 강화를 받는 것은 이 방법이 유일한 방법이었기 때문에 이 기능은 과거력으로부터 획득된 것이다. 그리고 그 사람은 자신의 과거력이 그러한 행동을 지지해 주었던 기능에 대해 알고 있을 수도 있고 아닐 수도 있다.

숨겨진 의미에 대한 또 다른 흔한 유형을 보면, 내담자가 직접적으로 다루기를 원하지 않는 회피적인 상황 때문에 그 주제와 관련되지만 주제와 다른(덜 회피적일 수 있는) 언급을 불러일으키는 경우이다. 예를 들어, 믿고 의지해 온 치료자와의 치료 종결이 다가오자 내담자는 관련 없는 과거의 상실과 이별에 대한 이야기를 급격히 많이 할 수 있고, 또는 치료 효과에 불만족스러운 내담자는 자신의 차고를 청소할 수 없었던 것에 대한 좌절감을 장시간 얘기할 수도 있다.

숨겨진 의미를 탐색하는 치료적 가치는 임상적으로 관련된 행동들의 발견을 포함한다. 예를 들어, 경청으로 이어지거나 공감을 얻기에는 실제로 문제의 소지가 있는 자살 위협(임상적으로 관련된 행동1)의 경우 같은 기능을 수행하는 더욱 효과적이고 직접적인 행동(예를 들어, 치료자에게 좀 더 많은 시간을 요청하거나 보살핌의 증거를 요구하는 행동)으로 수정되어야 할 것이다. 유사하게, 차고를 청소하는 데 어려움을 느끼는 것에 대해 이야기하는 내담자는 치료 효과에 대한 불만족스러운 감정을 직접적으로 표현하는 것(임상적으로 관련된 행동2) 대신에 회피행동(임상적으로 관련된 행동1)을 보이는 것으로 분석된다. 좀 더 일반적인 용어로 설명해 보면, 숨은 의미를 탐색하는 것은 무의식을 의식화하려는 정신분석에서의 목표와 유사해 보이며, 기능분석치료에서는 이러한 새로운 깨달음을 대인관계를 개선하는 데 사용할 것을 강조하고 있다.

임상적으로 관련된 행동들일 수도 있는 숨겨진 의미나 기능적 분석은 열린 마음으로 조심스럽게 평가되어야 한다. 내담자 말 속의 숨겨진 기능들을 탐구하기 위해서는 다음과 같은 질문들을 염두에 두어야 한다. 우리는 이러한 질문들을 내담자에게 직접적으로 물어보도록 제안하지 않으며, 내담자가 이해력이 있고 치료적 동맹이 강력할 때 이러한 질문들을 통해 도움을 받을 수 있다.

- 과거에 내담자의 그러한 말에 대해서 다른 사람들이 어떻게 반응하였는가?
- 그러한 말은 어떻게 강화되어 오거나 또는 조성되어 왔는가?
- 숨겨진 욕구가 있는가?
- 어떤 상황 속에서 그러한 말이 행해지는가?
- 내담자의 마음속에 있는 다른 유사한 주제는 무엇인가?
- 이러한 말로 인해 제기되는 주제는 무엇인가?
- 모두 알지만 말하지 않고 있는 문제가 있는가? 이 말은 그 숨겨진 문제와 관련되는가?

내담자의 인간관계 속에서 이처럼 숨겨진 기능들이 영향력을 지니고 있기 때문에 기능분석치료자들은 치료자 자신뿐만 아니라 내담자의 말 속에 있는 잠재적인 숨겨진 의미를 파악하는 연습이 중요하다.

14

실제 관계로서의 치료적 관계

    기능분석치료의 이론적 근거에 따르면, 내담자-치료자의 관계
는 내담자의 일상적인 행동 문제를 실제로 촉발할 수 있는 기회
를 갖고 있음을 주장한다. 예를 들어, 자신에게 필요한 것을 받을
수 있는 기회를 만들지 못하고 요청하지도 못하면서 그 대가로서
남들의 비위를 맞춰 주려고만 노력하는 내담자를 고려해 보자.
기능분석치료에 따르면 그러한 내담자는 치료자-내담자 관계의
맥락에서도 같은 행동을 할 가능성이 있다는 가정을 갖고 있다.
즉, 그들은 치료자의 비위를 맞추기 위해 그들이 할 수 있는 모든
것을 할 것이고, 자신의 기대와 욕구에 대해서 치료자에게 요청
하지 않을 것이다. 기능분석치료의 용어로 말하자면, 내담자의
"요청하지 않는 행동"은 실제로 지금 현재 일상의 삶 속에서 생
생히 발생하고 있는 임상적으로 관련된 행동1(8장 참조)로 평가
된다. 일단 치료자가 임상적으로 관련된 행동1이 발생하고 있음
을 알게 된다면 치료적 작업은 명료해진다. 개선된 내담자 행동

(임상적으로 관련된 행동2)을 육성하고, 조성하고, 강화하도록 만드는 것이 치료적 작업이 된다. 예를 들어, 치료자로부터 자신이 원하는 것을 더 직접적이고 능숙하게 표현해 보는 내담자의 시도를 자연스럽게 강화하는 것이 목표가 될 것이다. 치료 관계에서 형성된 내담자의 개선된 대인관계 기술이 일상 속의 관계로 일반화될 수 있다면 치료의 궁극적 목표는 완수된 셈이다.

　앞의 주장에는 다음과 같은 질문들이 뒤따른다. 만일 치료 환경이나 치료자가 내담자의 일상 속에 존재하는 관계나 사람과 비교해서 분명히 다르다고 한다면, 어떻게 치료 과정 중에 내담자의 일상적인 삶의 문제가 발생할 수 있는가? 마찬가지로 치료자-내담자 관계 속에서 진전이 있었더라도 그 진전이 일상생활 속에서 일반화될 것으로 예상하는 근거는 무엇인가? 앞의 질문들에 내포되어 있는 가정에 따르면 치료 관계가 인위적인 관계이며, 외부에서 존재하는 "실제" 관계와는 구별된다는 점을 가정하고 있다.

　치료 상황에서의 많은 특징이 인위적이라는 점을 인정하는데, 예를 들어 일주일에 한 번 45분이라는 정해진 시간에 만나는 점, 상담에 대한 수수료를 받는다는 점, 치료실 밖에서는 내담자와 만나지 못하는 한계점, 육체적인 관계를 금지하는 제한점 등이 인위적인 특징에 해당된다. 다른 한편으로 치료 관계에서의 "실제적"인 의미가 무엇인지에 대해 우리가 행동주의적 관점을 통해 살펴본다면, "실제적"이라는 용어의 의미를 이해하기 위해 기능적 분석에 의존해야 할 것이다. 치료 관계에서 "실제적"이라는 것의 의미는 '일상의 관계 속에서 촉발되는 것과 동일한 반응을 불러일으킬 수 있는가?'로 규정될 수 있다. 즉, 상황이 기능적으로 동일하다는 의미이다. 예를 들어, 전형적인 치료 과정은 두 사람이 함께 모여서 내담자의 문제에 대해서 이야기하는 것으로 정의된다. 본질적으로 치료 과정은 위험 감수, 자기공개, 신뢰, 정직성을 요구하는 대인관계적 맥락이다. 따라서 치료적 과정에는 돌봄과 관련된 정서적인 친밀감 자극은 물론 평가, 거절, 사회적인 처벌과 관련된 모든 자극이 포함된다. 또한 치료적 관계 역시 시작과 끝이 있다. 따라서 내담자의 일상 문제가 친밀감, 위험 감수, 자기공개, 신뢰, 거절, 시작과 끝(그런 문제들이 종종 있음, 11장 참조)과 관련이 있고 치료자-내담자 관계 속에서 이들 문제들이 촉발될 수 있다면, 기능적 분석에서는 치료적 관계를 이들 영역 내에서 "실제적"이라고 볼 수 있다. 같은 이유에서 만일 치료 관계가 기능적으로 이러한 방식과 동일하다면, 일반화가 이루어질 수 있음이 예상된다.

내담자들이 말하기를, 회기 시간이나 회기 빈도의 제한처럼 인위적인 제약 때문에 정서적으로 연결될 수 없고, 개방적일 수 없고, 영향을 받기 어렵고, 또는 치료자와 치료적으로 친밀해질 수 없다(11장 참조)고 보고한다. 이러한 보고가 타당한 지적 사항일지라도 기능분석치료자로서 기능적인 관점을 유지하는 것이 중요하다. 예를 들어, 만일 내담자의 일상 문제가 친밀한 관계를 형성하는 것과 관련이 있다면, 치료 관계와 외부 관계 사이의 기능적 유사성(실제성)은 모든 관계(치료 내적, 치료 외적 모두) 속에

제약과 한계가 존재한다는 점이다. 내담자의 임상적으로 관련된 행동들에는 관계를 맺기 위해서 그리고 모든 관계에 내재하고 있는 한계와 실망을 다루기 위해서 필연적으로 필요한 위험을 감수하지 않는 것이 포함된다.

우리가 여기에서 주목해야 할 부분은, 치료 관계가 실제적인 관계(즉, 일상 삶과 동일)에 해당하는 영역들을 설명하고 평가하기 위해 기능적 분석을 어떻게 적용하는가에 해당된다. 또한 기능분석치료는 기능적인 일치성이나 치료자-내담자 관계의 실제성을 향상시키는 방법에 대한 개입과 제안을 포함하고 있음에도 주목해야 한다. 기능분석치료자들은 치료 장면에서 내담자의 목표행동을 염두에 둔 상태에서 다음의 것들을 하도록 장려되는데, 실제적인 자신의 모습을 보여 주고, 자기공개를 하고, 솔직하게 반응하고, 긍정적 감정을 표현하고, 과감하게 행동하고, 내담자의 행동을 촉발시키고, 자연스럽게 강화하는 것(22장, 23장, 24장 참조) 등의 행동이 격려된다. 또한 기능분석치료자들은 "하나의 규격으로 모든 것에 맞추는" 정형화된 개입의 사용을 일반적으로 삼가며, 인위적일 수 있고 기능적 일치성(실제성)을 감소시킬 수 있다는 이유 때문에 역할연기, 행동적 예행연습, 또는 사교기술 훈련 등의 사용을 제한한다. 또한 치료적 관계에서 임상적으로 관련된 행동2가 발생하게 되면, 기능분석치료는 치료자-내담자 관계로부터의 개선사항을 내담자의 일상적인 삶으로 전환하는 것을 돕는 지침을 제공한다(23장, 25장 참조).

15

신뢰할 수 있고 안전한 공간 만들기

기능분석치료에서 신뢰와 안전을 형성하는 것의 중요성은 아무리 강조해도 지나침이 없다. 치료자는 이러한 과정에 대해서 치료 작업을 위한 "성스러운 공간 만들기"라고 묘사할 수 있다. 옥스포드 사전에 따르면, 성스러운 공간이라는 것은 누군가를 위해서 또는 특별한 목적을 위해서 전용으로 사용되는 곳으로서 정신적 피해나 침입으로부터 승인을 통해 보호되는 곳이다. 이러한 용어를 내담자를 위해 사용한다는 것은 상당히 강력한 의미를 담고 있다. 기능분석치료자가 내담자를 위해 "성스러운 공간"이라는 용어를 사용하였는지 여부와 상관없이 그 핵심은 기능적으로 치료 관계가 여기에서 정의된 것처럼 신성한 것이고, 신뢰와 안전을 형성하는 것이 필수적이라는 점이다.

행동주의적으로 보면, 신뢰란 잠재적으로 상처를 입을 수 있는 상황 속에서 다른 사람에게 다가서려는 성향이라 여길 수 있다. 따라서 신뢰는 필수적으로 누군가 타인의 면전에서 타인을 향해 위험을 감수하게 되는 상황을 떠올리게 한다. 기능분석치료에서는 내담자들이 치료자와의 신뢰를 위해서 위험을 감수하는 것, 취약성을 보이는 것, 안락함의 경계를 넘어서는 것, 좀 더 다가가는 것 등의 행동에 강화를 주기 때문에 신뢰와 안전을 형성하는 것이 결정적인 요소가 된다. 다시 말해서, 신뢰를 갖는 행동은 치료의 목적이 될 수 있으며, 첫 회기부터 완전한 신뢰감을 보이는 내담자는 드물다. 사실 맹목적인 신뢰는 신뢰하지 못하는 것만큼이나 문제의 소지가 있다.

기능분석치료에서의 다른 것들과 마찬가지로 신뢰감과 안전감을 형성하는 것도 내담자별 접근법이 필요하다. 따라서 많은 내담자에게 "비특정적" 행동으로 간주되는 행동들, 즉 정확한 공감, 따뜻함, 반응적인 경청, 타당화 등과 같은 일련의 행동들은 신뢰와 안전을 형성하기 위해 매우 중요한 초기의 치료자 행동이 될 수 있다.

Carl Rogers(1961)를 비롯한 많은 이론가에 따르면, 그러한 비특정적 치료자 반응의 중요한 특성이 무조건적(내담자의 특정한 반응에 수반되지 않음)이라고 주장함에도 불구하고, 기능분석치료자들은 다른 입장을 취한다. Follette, Naugle과 Callaghan(1996)에 의해 더 자세히 설명된 것처럼 기능분석치료자들의 반응은 폭넓은 종류의 행동들(예를 들어, 신뢰감이나 다른 치료를 촉진시키는 행동, 또는 관계 구축 행동)을 잠재적으로 강화하는 것으로 보인다. 치료자의 행동은 치료를 위해 필요하거나 관계를 발전시키는 데 필요한 부류의 행동들을 위한 일반적으로 수반된 강화로 보인다. 이러한 종류의 행동에는 신뢰하기, 정시에 나타나기, 중요한 개인적 정보를 공개하기, 질문에 주의를 두고 적절하게 반응하기, 치료자의 감정에 대해 배려와 염려를 드러내기, 회기에 집중하기와 같은 행동들이 포함된다.

그러나 전형적인 기능분석치료 내담자의 경우, 신뢰와 안전을 형성하기 위해서는 이러한 기본적인 치료 기술을 넘어서서 훨씬 개인적이고 진솔한 영역으로까지 옮겨갈 필요가 있다. 치료자는 자신의 생각, 반응, 관찰을 좀 더 진솔하게 밝힘(치료자의 페르소나 뒤에 숨지 않음)으로써 내담자와 신뢰감과 안전감을 조성할 수 있다. 치료자는 내담자로 하여금 다음의 것들을 격려할 수 있다. ① 질문하도록(예를 들어, "치료자인 저에 관해서, 저의 수련 과정이나 저의 배경에 대해 궁금한 것이 있나요?" 또는 "가장 중요한 치료자의 자질은 무엇이라고 생각하시나요?"), ② 치료자에 대한 그들의 반응을 이야기하도록(예를 들어, "저의 성별, 나이, 인종에 대해서 어떤 반응을 갖고 있나요?"), ③ 상담 약속과 관련된 그들의 감정을 이야기하도록(예를 들어, "상담 약속을 오늘로 잡은 것에 대해 어떤 생각과 감정이 들었나요?" 또는 "어떤 점이 당신에게 정말 만족스러운 첫 회기로 만들었나요?"). 그러나 기능분석치료자의 경우, 내담자의 과거력에 따라 일부 치료자의 행동이 특정 내담자에게 불편감을 줄 수 있다는 점에 개방적인 태도를 지니고 있고, 따라서 치료자의 자극이 갖는 기능에 대해서 치료 시작 시점부터 분석하는 것이 중요한 문제이다.

많은 행동이 다른 사람의 신뢰를 생성하는 데 도움이 될 수 있다. 이러한 신뢰 구축 행동들은 치료 상황에 특정적이지 않다. 기능분석치료에서는 치료자가 치료실에 들어갈 때 다른 사람이 된다고 생각하지 않는다. 그 대신에 치료 장면 밖에서 잘 훈련되고 통합된 행동들이 치료실 안에서 성공할 가능성을 높인다. 이러한 신뢰 구축 행동들은 다음의 행동들을 포함한다. ① 정확한 공감적 반영을 제공하기, ② 솔직하고 진술하기, ③ 약속 지키기, ④ 일관적이고 예측 가능하게 행동하기 또는 일관적이지 않고 예측 불가능하게 행동했던 이유를 설명해 줌으로써 자신의 행동을 이해시키기, ⑤ 다른 사람의 기대를 알아차리고 만일 정확하지 않다면 수정해 주기 또는 그 기대가 서로 맞지 않는 이유를 설명해 주기, ⑥ 해답을 모를 때 이를 인정하기, ⑦ 상대방의 최고 관심사가 무엇인지 살펴보기 그리고 상대방을 이용하지 않기 또는 상대방에게 상처 주지 않기, ⑧ 상대방이 드러낸 중요한 것들(사람들, 사건들, 기억들)을 기억하기, ⑨ 상대방의 취약한 부분에 기꺼이 맞추어 주기, ⑩ 불화를 교정하기 위해서 실수에 대해 인정하고 책임질 수 있기, ⑪ 내담자의 진실과 밝힌 사실에 대해 염려하는 마음과 공손한 태도로 대하기 등의 행동들이 이에 포함된다.

　내담자의 성장을 돕는 과정에서 우리가 내담자의 행동을 교정할 뿐만 아니라 반대로 내담자에 의해서 치료자 스스로가 교정되는 것을 인정해야 한다. Martin Buber(연대 미상)가 언급한 것처럼 "모든 여행은 여행자가 인식하지 못한 비밀 행선지를 가지고 있다." 이러한 여행에서처럼 성스러운 공간 안에서 이루어지는 각각의 치료적 관계를 당신 스스로 경험해 볼 것을 권한다.

2부

기능분석치료의 실제적인 요소

16

치료적 근거와 치료의 시작

치료적 근거는 치료 초기에 이루어지는 내담자와의 논의를 통해 제시된다. 그 논의를 통해 치료가 어떻게 진행되는지뿐만 아니라 현재 문제의 가능한 원인에 대해서도 설명이 제공된다. 치료적 근거는 기능분석치료의 개입 유형을 결정하는 근거로서 도움을 주고, 치료자와 내담자 사이의 서로 다른 기대 때문에 야기될 수 있는 치료적 동맹의 문제를 조정하는 데 도움을 주기 때문에 중요하다. 이러한 이유로 인해 우리는 공식적인 치료의 근거를 문서 또는 구두로 제시할 것을 권고한다. 만일 치료적 근거를 제시하지 않는다면 내담자는 과거의 경험이나 치료에 대한 자기 지식에 의존할 것이며, 그러한 예상이 치료자의 계획과 차이를 보일 때에는 치료의 진행을 방해할 것이다.

치료자-내담자 관계가 치료 목표의 달성을 위해 중요하고 핵심적인 요인이라는 점을 강조하는 것을 제외하고 모든 기능분석치료의 치료적 근거로 제시되는 획일적인 사항은 없다. 다음에 제시되는 예시들은 다양한 기능분석치료에서 사용되는 치료적 근거로서 다음의 것들을 포함하고 있다. ① 치료자가 자신의 치료적 접근에 맞게 치료적 근거를 적용하는 방식, ② 치료의 기간(예를 들어, 단기 또는 장기), ③ 치료 목표, ④ 치료자의 치료적 근거가 촉발시키는 위험 감수의 수준 등을 포함한다. 흔히, 치료자-내담자 관계에 초점을 둔다는 언급만으로도 임상적으로 관련된 행동을 촉발시킬 수 있다.

예시 1: 두 번째 회기에서 제시된 치료적 근거

다음에 진술되는 치료적 근거와 그에 대한 내담자의 반응은 두 번째 회기에서 이루어졌다. 첫 번째 회기에서 내담자는 자신의 주요한 문제로서 불행감, 낮은 자존감, 스스로 좋은 사람이 못 된다는 느낌, 남들(특히 내담자의 어머니)이 자신에 대해 형편없게 여긴다는 믿음 등이 포함된 주 호소를 보고했다. 두 번째 회기에서 치료자의 반응에 대한 내담자의 지각을 살펴본 후, 다음의 치료적 근거가 제시되었다.

치료자: 제가 우리 두 사람에 대해서 많은 부분을 이야기한다는 것을 알아차리셨을 텐데, 당신에게 그 이유를 말해 주고 싶습니다. 제가 생각하기에 효과적인 치료를 할 수 있는 가장 좋은 방법은 그 문제가 발생했을 당시에 실제적으로 작업하는 것입니다. 예를 들어, 당신이 어머니에 대해 화가 나거나 또는 어머니와 관련된 문제를 겪게 된다면 그때 당신을 여기

에 앞서서 그것에 대해서 이야기하는 겁니다. 그래야 도움
이 될 것입니다. 당신이 어떤 기분인지, 당신의 어머니의 기
분이 어떠할지 등을 우리가 이해할 수 있고, 당신을 위해 어
떤 것들을 해 볼 수 있을 것입니다. 만일 당신이 가지고 있
는 문제가 저와의 치료 관계에서 실제로 경험될 수 있다면
치료는 더욱 효과적일 수 있습니다. 예를 들자면, 우리는 이
미 경험한 바 있습니다. 당신이 어머니에게 반응했던 것과
매우 닮은 방식으로, 지난 회기 말미에 제게 반응했습니다.

내담자: 맞습니다.

치료자: 만일 당신의 문제점이 발생했을 때 그것들을 실제로 확인할
수 있다면 치료는 더욱 강력하고 효과적일 겁니다. 그래서
제가 당신에게 이러한 질문을 하고 우리의 치료적 관계에
집중하게 했던 이유를 말씀드리려는 겁니다.

예시 2: 상당히 촉발적인 치료적 근거(문서로 작성된 부분 인용)-함께하는 치료 작업에서 기대할 수 있는 것들에 대한 설명

내담자들은 흔히 기쁨과 고통, 꿈과 희망, 열정과 취약점, 특별
한 재능과 능력 등 복잡한 삶의 이야기를 갖고 치료 장면을 찾아
옵니다. 저와 함께하는 치료 작업은 돌봄, 존중, 헌신의 분위기
속에서 진행될 것이며, 그 과정에서 당신은 삶에 대한 새로운 접
근법을 배우게 될 것입니다. 우리의 치료는 공동의 노력을 요합
니다. 당신의 노력은 매우 소중하며 치료 계획과 주별 과제 속에
서 필요로 할 것입니다. 저는 우리가 함께하는 치료에 최선을 다

해 돌봄과 노력을 다하고 당신도 그렇게 하리라 기대하겠습니다. 우리의 관계 안에서 잘 수행되고 있는 것과 수정되어야 할 것에 대해 계속적으로 당신과 함께 살펴보겠습니다.

제가 진행할 치료방법은 기능분석치료(FAP)라고 불립니다. 이 치료는 워싱턴대학교(University of Washington)에서 개발되었으며, 행동주의에 근거를 두고 있습니다. 적절하다고 평가되는 경우 다른 치료적 접근의 방법들을 포함시킬 수 있는 이론적 근거를 가지고 있습니다. 기능분석치료에 따르면, 당신을 치유하고 변화를 이끌어 줄 주요한 수단으로서 저와 당신 사이의 유대를 강조합니다.

큰 만족감을 느끼며 살아가는 사람들을 살펴보면, 자신과 잘 접촉하며 동시에 효과적인 대인관계를 맺고 살아갑니다. 그들은 자신의 신념과 재능에 따라 온정적으로 말하고 행동할 수 있으며 사랑을 충만하게 주고받을 수 있습니다. 기능분석치료는 최선의 당신 모습을 만들어 내도록 집중할 것입니다. 그렇게 되기 위해서 당신은 먼저 기저 수준(예를 들어, 욕구, 감정, 갈망, 두려움, 가치, 꿈, 사명)에서 자기 자신과 접촉해야 합니다. 당신은 스스로에 대해서 충분하게 표현하는 방법, 이별을 애도하는 방법, 마음 챙김을 수행하는 방법, 더 나은 관계를 형성하는 방법을 배울 기회를 갖게 될 것입니다. 당신의 마음, 신체, 감정, 정신을 포함하는 경험의 모든 측면을 다루게 될 것입니다. 저는 당신이 마음을 열고, 변화를 수용할 수 있고, 인식하고, 깨어 있을 수 있도록 자극할 것입니다. 어떤 상황에서는 상당한 수준의 위험 감수도 따를 수 있지만, 당신이 안전지대를 얼마나 벗어나도록 하는 것이 당신을 위해 가장 이상적인가에 대해 우리가 항상 함께 관찰하고 있다는 점이 중요합니다.

당신이 저와 관련해서 문제(긍정적이거나 부정적인)나 혹은 어려움을 경험한다면 그 문제나 어려움은 당신의 삶에서 다른 사람과의 관계에서도 똑같이 경험될 수 있기에 우리의 상호작용에 주목하는 것이 중요합니다. 누군가 자신의 생각, 감정, 욕구에 대해서 솔직하면서도 배려와 확신을 갖고 표현할 수 있다면 그 사람은 삶에서의 의미 있는 통제감을 가질 수 있습니다. 우리의 치료적 관계는 당신이 삶에 대한 통제감을 느끼는 연습을 할 수 있는 이상적인 장소가 될 것입니다.

당신이 저와 함께 임하게 되는 치료 공간은 신성한 장소라고 생각합니다. 함께 탐구하고 성장을 향해 나아가는 여행에 동승하게 되어 영광이며, 당신이 공유한 모든 것을 존경과 신중함을 바탕으로 간직하겠습니다. 당신과 함께 치료에 임하는 동안 진실한 모습으로 임할 것이며, 제가 가진 기본 원리는 당신이 가장 깊은 관심을 갖는 것을 행하는 것입니다.

예시 3: 덜 촉발적인 치료적 근거

기능분석치료는 흔히 특정한 심리장애에 대해 경험적으로 지지되는 인지행동치료 프로토콜을 포함하고 있습니다. 또한 기능분석치료는 의미 있는 삶의 변화를 이루는 데 치료자-내담자 관계가 중요하다는 점을 강조합니다. 따라서 필요에 따라 특정 증상에 집중할 뿐만 아니라 기능분석치료는 최선의 당신 모습을 이루도록, 스스로를 충분히 표현할 수 있도록, 필요하다면 이별을 애도할 수 있도록, 마음챙김을 수행하도록 그리고 좋은 관계를 형성할 수 있도록 기회를 제공합니다.

당신이 저와 관련해서 문제(긍정적이거나 부정적인)나 혹은 어려움을 경험한다면 그 문제나 어려움은 당신의 삶에서 다른 사람과의 관계에서도 똑같이 경험될 수 있기에 우리의 상호작용에 주목하는 것이 중요합니다. 우리의 치료적 관계는 당신이 타인과의 인간관계에서 좀 더 효율적일 수 있도록 연습을 할 수 있는 이상적인 장소가 될 것입니다.

예시 4: 기능분석치료를 활용한 치료 연구에서 제시되는 근거

치료자: 이 연구는 당신의 인간관계에서 친밀감과 존중감을 증진시키는 것을 돕기 위한 것입니다. 당신에게 어떻게 해야 하는지 말로만 강조하는 다른 많은 치료법과 다르게, 친밀감을 증가시키기 위한 우리의 방법은 당신과 나 사이에서 실제로 그것을 연습해 보게 하는 것입니다. 연구에서 살펴보면, 실제로 효과적인 치료자들의 경우 이곳 치료실 안에서 당신과 나 사이에서 일어나는 것들이 당신의 실제 관계에서 이루어지는 방식이라고 여기는 경향이 있다고 합니다. 예를 들어, 인간관계에서 더욱 사려 깊은 사람이 되는 것을 원하는 당신의 목표를 위해서는 지금 우리 사이에서 사려 깊

음이 어떻게 발생할 수 있는지를 생각해 보는 것입니다. 당신이 실제로 여기 완전히 새로운 인간관계에서 사려 깊은 사람이 되기 위해 애썼다는 것을 우리가 어떻게 알 수 있을까요? 그것은 이러한 유형의 치료 작업에서 전제가 되며, 우리가 다루려고 하는 것인 셈입니다.

내담자: 괜찮으시다면 이런 질문을 해도 될까요? 우리의 치료적 관계에서 구체적으로 연습을 한다면 우리가 주요한 인간관계에서 이루기를 바라는 행동적 변화 가운데 일부를 실천할 수 있는 가능성이 높아진다는 사실을 입증하려는 것이 이 연구의 목적이라는 말씀이신가요?

치료자: 맞습니다. 그리고 그것은 역할연기가 아닙니다. 우리 사이에서 실제로 발생했을 때 그것은 실제로 훨씬 더 강력해집니다. 그래서 저는 당신에게 정말로 솔직한 피드백을 드리겠습니다. 예를 들어, 제가 말한 것을 이해하기 위해 노력하고 질문하는 과정에서 당신은 사려 깊은 모습을 보여 줬습니다. 이런 당신의 행동이 내가 당신에게 더 편안한 감정이 들고, 당신이 실제로 배려해 준 것으로 느껴졌습니다.

앞의 예시들을 통해 행동 변화의 과정에서 주요한 역할을 수행하는 실제 관계로서의 치료자-내담자 관계에 집중해야 한다는 기능분석치료의 주요한 주제를 보여 주었다. 각각의 사례에서 기능분석치료의 치료적 근거는 내담자로 하여금 의미 있는 인간관계 속으로 참여시키는 치료자의 권유에 해당하는 셈이다.

17

평가 및 유연한 사례개념화

    많은 기능분석치료자는 진단적 평가에 초점을 두고 치료를 시작할 것이다. 이러한 진단적인 평가는 도움이 될 수 있으며, 치료자로 하여금 기능분석치료 과정으로 옮겨갈 기회를 찾는 동안 경험적으로 지지되는 특정한 개입 전략을 사용하도록 안내해 줄 수 있다. 예를 들어, 수용전념치료(Hayes et al., 1999), 인지치료(Beck et al., 1979), 행동활성화치료(Martell, Dimidjian, & Herman-Dunn, 2010)의 개입을 선택할 수 있고, 그들 치료법을 위해 개발된 사례개념화 양식을 사용할 수도 있다. 그들 개념화에서 한 발 더 나아가 기능분석치료의 개념화는 치료 장면에서 치료의 목표 행동이 발생하였을 때 알아차릴 수 있도록 도움을 준다. 예를 들어, 수용전념치료의 진행에서 융합이나 경험적 회피는 회기 중에 어떤 모습일까? 인지치료의 진행에서 내담자가 치료자에 대해서 어떤 유형의 인지적 왜곡을 보일 수 있는가? 행동활성화치료를 수행할 때 내담자는 치료적 관계 속에서 수동성, 친밀감에 대한 회피, 행동의 결여 등을 드러낼 것인가?

다른 치료법의 사용 여부와 관계없이 기능분석치료의 사례개념화는 진단적 평가를 넘어서서 내담자의 개인 특유적인 임상적으로 관련된 행동들을 확인하고 규정하는 데 중점을 둔다. 그를 위해 치료자는 회기 중에 임상적으로 관련된 행동들을 관찰하고, 촉발하고, 강화하는 가능성을 극대화한다. 치료자의 목적은 내담자의 대인관계 행동목록들, 즉 그러한 행동들이 내담자의 일상 삶 속에 어떻게 기능하는지, 그리고 치료실 안에서는 어떻게 기능하는지를 이해하는 것이다. 기능분석치료에서 이러한 작업을 수행하는 정답이 있는 것은 아니지만, 일반적으로 우리는 회기 안에서의 행동평가와 회기 밖에서의 행동평가를 구분한다.

회기 안에서의 평가와 관련해서 기능분석치료의 규칙1(치료자가 무슨 일을 하더라도 임상적으로 관련된 행동이 발생할 수 있음에 항상 민감해야 함, 19장에서 기술됨)은 항상 유효하다. 단순히 치료자가 임상적으로 관련된 행동들에 주의를 기울이는 것만으로도 행동이 발생했을 때 적절하고 즉각적으로 반응할 가능성이 높아진다.

회기 밖에서의 행동과 관련해서 많은 기능분석치료자는 아마도 다른 치료자들이 수행하는 것과 유사한 비공식적 평가를 진행할 것이다. 내담자의 현존하는 문제들과 목표들에 대해 질문하고, 자기보고를 통해 내담자 삶의 세부적인 사항을 파악한다. Kanter 등(2009)이 기술한 바에 따르면, 다른 치료자들이 표준적인 인지행동적 언어나 통용되는 언어를 더 많이 사용하는 데 반해 일부 기능분석치료자들은 자신의 사례개념화에서 행동주의적 전문 용어를 사용한다. 또한 일부의 기능분석치료자는 내담자의 목표와 가치를 파악하기 위해서, 내담자 과거력의 두드러진 측면들에 대한 평가를 수행하기 위해서, 임상적으로 관련된 행동들을 확인하기 위해서 다양한 협력적인 전략을 사용한다. 이러한 전략들에는 수용전념치료와 유사한 목표와 가치 평가가 포함되고, 개인적 소명에 대한 진술이나 주요한 업적과 상실을 요약하는 자서전적 글쓰기 과제 등이 포함된다. 일부 치료자의 경우, 기능분석치료에서 행동목록의 문제를 파악하기 위해 고안된 공식적 평가 전략으로서 개인적 기능 평가 도구(FIAT, Callaghan, 2006a)를 추가적으로 사용하기도 하는데, FIAT(Functional Idiographic Assessment Template)는 19장에서 더 자세히 기술된다.

　방법의 종류와 관계없이 기능분석치료자는 내담자의 일상 삶과 치료실 안에서 임상적으로 관련된 대인관계의 조작적 행동들(CRBs)을 파악하기 위해 노력한다는 점이 중요하다. 이러한 행동들은 기능적인 차원에서 정의되며, 그런 부류의 행동들은 형태 면에서 닮은 것이 아니라 유사한 선행사건과 유사한 결과물에 의해 정의된다는 점이 핵심이다. 기능분석치료에서 임상적으로 관련된 행동1의 전형적인 예로서는 진솔한 친밀감의 표현을 회피하는 행동이 있다. 이것을 기능적 차원에서 이해하기 위해서는 어떤 맥락이 행동을 촉발했고, 어떤 결과가 뒤따랐는지를 알아보아야 한다. 진솔한 친밀감을 표현할 수 있는 기회에 직면하였을 때, 내담자는 상황을 모면하거나 기피함으로써 부정적인 결과물의 두려움을 회피하게 되는 것이다. 이러한 회피는 상황에 따라 매우 다른 양상이다. 어떤 맥락에서는 문자 그대로 도주의 형태를 띠며, 또 다른 맥락에서는 상황에 머무르지만 농담을 하거나 적대감을 표출하기도 한다. 이러한 모든 행동은 기능분석치료에서 같은 기능의 부류로 여겨지게 된다.

많은 기능분석치료자에 의해 사용되는 사례개념화 유형은 다음의 목록들(부록 참조, Tsai et al., 2009c)을 포함한다. 관련된 과거력, 일상 삶의 문제들, 문제를 지속시키는 변수들, 심리적 자산, 강점, 임상적으로 관련된 행동1과 행동2, 일상 삶의 목표, 계획된 개입방법, T1(회기 내 치료자의 문제행동), T2(회기 내 치료자의 목표행동) 등이 포함된다. 이러한 유형보다 축약된 버전도 사용될 수 있으며, 그 버전에서 치료자의 초기 과제는 내담자 일상 삶의 문제와 치료 목표를 파악하고 난 후 그러한 문제점과 개선점이 치료적 관계 내에서 어떻게 드러날 수 있는지를 그려보는 작업이 될 수 있다. 예를 들어, 다른 사람에게 거절의 의사를 표하는 것이 적절함에도 불구하고 거절하지 못하는 어려움을 겪는 문제가 있는 내담자의 경우라면, 적절한 상황에서 "아니요."라고 말할 수 있는 능력을 향상시키는 것이 문제와 관련된 목표라고 볼 수 있다. 치료자가 예상하기를, 순응 또는 "치료자를 기쁘게 하려는" 문제는 치료 장면에서 임상적으로 관련된 행동1로 나타날 수 있고, 치료자에게 "아니요."라고 말하는 것이나 치료자의 요구를 따르지 않는 모습을 보이는 것이 임상적으로 관련된 행동2로 나타날 수 있다. 치료자는 내담자와 이러한 가정들에 대해 수차례 논의하고 수정하게 된다. 회기 내 목표와 일상생활 목표가 매우 비슷하게 기술된다는 점에서 이러한 사례개념화는 다소 중언부언처럼 느껴질 수 있다. 그러나 문제행동과 개선행동을 직접적이고도 병렬적으로 기술하는 것이 사실 유용하고 문제를 단순화할 수 있으며, 결과적으로는 지나치게 복잡하지 않은 것이 가장 좋은 치료가 될 수 있다.

18

치료 규칙 활용하기

기능분석치료에서는 다섯 가지 치료 규칙을 포함하고 있으며, 이들 규칙은 임상적으로 관련된 행동들(CRBs, 8장 참조)로 치료의 초점을 이동시키는 역할을 한다. "규칙"이라는 용어의 일상적인 사용과 관련된 경직된 의미보다는 전형적으로 내담자의 긍정적인 변화를 이끌어 내고 치료자를 강화시키는 치료자의 행동에 대한 제안으로서의 의미를 지닌다. 설명을 위한 목적으로 규칙들이 세분화되어 있지만, 실제로는 규칙들이 함께 사용되며 개입법들은 일반적으로 몇 개의 규칙을 동시에 아우른다. 기능분석치료의 규칙들 덕분에 치료자들은 간과해 버릴 수도 있는 치료적 기회의 이점을 활용할 수 있는 도움을 받는다(Tsai, Kohlenberg, Kanter, & Waltz, 2009d).

규칙1: 임상적으로 관련된 행동들을 관찰하라(알아차리기)

이 규칙은 기능분석치료의 핵심이고, 이 규칙을 따르게 되면 더욱 집중적인 치료가 되고 인간관계에 초점을 맞춘 치료로 이어질 수 있다. 임상적으로 관련된 행동들에 대해 치료자들이 좀 더 민감해지고 치료적인 반응을 보여 줄수록 치료는 더욱 효과적이고 매력적이고 깊어질 수 있을 것이다.

규칙2: 임상적으로 관련된 행동들을 촉발시켜라(대담해지기)

기능분석치료의 관점에서 보면 이상적인 내담자-치료자 관계는 임상적으로 관련된 행동1을 불러일으키는 것이며, 이러한 촉발이 다시 임상적으로 관련된 행동2를 발전 및 육성시키는 선도적인 기능을 담당하기 때문이다. 임상적으로 관련된 행동들은 개인 특유적이거나 내담자의 독특한 환경, 과거력과 관련이 있기 때문에 이상적인 치료적 관계는 내담자의 독특한 일상생활 문제가 어떤 것이냐에 따라 달라질 수 있다. 만일 내담자가 불안, 우울, 또는 일련의 행동에 관여하는 데 어려움을 갖는다면, 거의 모든 종류의 심리치료가 임상적으로 관련된 행동들을 촉발시킬 잠재력을 갖는다. 기능분석치료는 상대방을 깊게 신뢰하는 것, 인간관계적인 위험을 수용하는 것, 진솔해지는 것, 애정을 주고받는 것과 같은 관계 및 친밀성 관련 사안들에 초점을 맞추고 있다. 따라서 기능분석치료는 치료자로 하여금 다른 행동치료의 전형적인 방식이 아닌 다른 방식으로 치료에 임하고 치료를 구조화할 것을 요구한다. 치료자들이 내담자의 목표행동을 촉발하고 강화하는 방법에서 더욱 대담해지는 방안과 관련된 논의는 20장을 참조하라.

규칙3: 임상적으로 관련된 행동2를 자연스럽게 강화하라 (치료적으로 사랑하기)

강화가 변화를 위한 주요한 도구이기는 하지만 의도적인 강화의 노력은 자연스러운 강화에 비해 부자연스럽거나 임의적인 강화를 만들어 내는 위험성을 지닌다는 주장에 근거를 두기 때문에 기능분석치료에서 규칙3은 다소 어렵게 느껴진다. 7장에서 논의되었던 것처럼 임의적인 강화는 치료 회기에서만 적합한 "착한" 내담자 행동을 키워 낼 수는 있으나 일반화되기 어렵고 일상적인 생활 속에서는 유용하지 않을 수 있다. 더욱 좋지 않은 것은 임의적인 강화가 내담자들에게는 인위적이라 여길 수 있기에 신뢰를 구축하는 데 있어서 위험요소가 될 수 있다는 점이다. 예를 들어, "아주 좋습니다."라고 말하는 것이나 미소를 짓는 것처럼 미리 계획된 치료자의 강화물들은 임의적인 강화로 여길 수 있다. 대신에, 자연스러운 강화는 내담자에 대해서 또는 내담자의 삶과 인간관계를 개선하는 행동의 변화에 대해서 진정으로 염려하는 마음으로부터 촉진될 것이다.

임상적으로 관련된 행동2를 민감하게 인지하고 그 행동들을 내담자의 목표로 연결하는 과정으로 삼는 치료자의 경우, 내담자가 일상생활에까지 그 행동을 일반화할 수 있도록 돕기 위해 자연스럽게 강화해 줄 가능성이 높다. 자연스러운 강화로 이끌기 위한 치료자의 틀을 우리가 기술하는 하나의 방법은 치료적으로 사랑할 것을 권유하는 것이다. 치료적인 사랑에 대한 우리의 행동적 정의에 따르면, 치료자가 치료적 관계의 범위 안에서 내담자의 관심에 최적으로 도움이 되는 조치를 취해 주는 것이다. '치료적으로 사랑하기'에 대한 더 깊은 논의는 21장을 참조하라.

규칙4: 임상적으로 관련된 행동들에 대한 치료자의 행동이 갖는 잠재적 강화 영향력을 관찰하라(자신의 영향력을 알아차리기)

규칙4는 내담자의 목표행동 변화에 대해 주목할 것을 강조하며, 이들 변화와 치료자의 수반된 반응(예를 들어, 강화) 사이의 관계에 대해서도 강조한다. 정의에 따르자면, 내담자가 강화를 경험하는 경우는 목표행동이 빈도나 강도에서 증가를 보인 경우에만 해당된다. 따라서 치료자가 강화하려는 의도를 가졌던 반응이 실제로 강화되었다는 것을 진정으로 인지하는 유일한 방법은 목표행동의 빈도 혹은 강도의 변화를 관찰함으로써 가능하다. 그 과정에 대해 직접적으로 묻는 질문을 통해서 치료자의 반응이 갖는 강화의 효과를 확인할 수 있다. 이러한 질문들은 매우 직접적이며, 임상적으로 관련된 행동2와 규칙3의 상호작용 후에 흔히 이루어진다. 예를 들어, 치료자로서 "어떠셨나요?" 또는 "이번 주 위험을 무릅쓰고 당신이 행한 것에 제가 감명을 받았다고 말했을 때 당신의 기분은 어땠나요?" 또는 "당신이 생각하기에 제 반응이 당신의 행동을 다시 하게 될 가능성을 높였다고 생각하나요, 아니면 낮추었다고 생각하나요?"라고 직접적으로 물어볼 수 있다.

이러한 질문들을 할 때 중요하게 고려해야 할 사항은 시점에 대한 고려이다. 임상적으로 관련된 행동을 강화하는 치료자의 시도에 뒤이어서 그러한 질문들이 이어져야 하지만, 그 질문들이 너무 곧바로 이어져서는 안 된다. 기능분석치료에서 임상적으로 관련된 행동2와 규칙3의 상호작용은 매우 강렬할 수도 있다. 이러한 상호작용에 곧바로 뒤이어서 규칙4의 질문들과 함께 "과정"을 성급하게 점검하는 것은 자연스러운 상호작용을 끊어 버릴 수도 있고, 사실상 강렬하게 진행되는 것에 대한 치료자의 미묘한 회피를 의미할 수도 있다. 따라서 치료자는 임상적으로 관련된 행동2의 상호작용의 자연스러운 마무리에 민감해야 하고, 상호작용이 자연스럽게 마무리된 때에만 규칙4를 수행해야 한다. 그 상호작용의 과정을 점검하기 위해서는 그다음 회기까지 기다리는 경우가 생길 수도 있다.

규칙4와 관련해서 우리가 T1(회기 내에서 치료자의 문제행동)과 T2(회기 내에서 치료자의 목표행동)(19장 참조)로 언급한 것의 역할을 치료자로서 살펴보는 것도 중요하다. 왜냐하면 치료자 스스로에 대해 잘 알고 있는 것이 내담자에 대한 치료자의 영향력에 대해서도 상응하는 정보를 제공해 줄 수 있기 때문이다.

규칙5: 기능분석적 해석을 제공하고 일반화 전략을 시행하라(해석하기 및 일반화하기)

기능분석적 해석 안에는 내담자들이 행한 방식으로 행동하는 것이 어떻게 적응적일 수 있는지와 치료 장면에서의 진전을 어떻게 일상생활에까지 일반화할 수 있는지에 대한 설명들이 포함된다. 규칙5에서는 일상생활 사건이 치료 안의 상황과 부합될 때 "밖에서 안으로의 적용"을 강조하고, 치료 내 진전이 일상생활 사건과 부합될 때 "안에서 밖으로의 적용"을 강조한다. 물론 둘 다 중요하며, 우수한 기능분석치료 회기는 밖에서 안으로의 적용과 안에서 밖으로의 적용을 모두 아우르며 일상생활과 치료 안에서의 내용물을 잘 엮어서 포괄한다. 하나의 예를 들자면, 치료자로부터 돌봄의 표현을 이끌어 내서(밖에서 안으로의 적용) 이러한 보살핌에 긴장을 풀게 되고, 그것이 내담자의 일상생활에서 일어나는 것을 허용하는(안에서 밖으로의 적용) 내담자를 생각해 볼 수 있다.

일반화를 촉진하는 것은 기능분석치료에서 중요하다. 내담자의 일상생활 속에서 그들의 행동을 변화시키지 않는다면 성공적 치료라고 말할 수 없다. 따라서 과제의 제공은 규칙5를 수행하기 위해 중요하다. 내담자가 임상적으로 관련된 행동2를 보인 후 개선된 행동을 '실제 생활에서' 적용하고(23장 참조) 내담자의 중요한 타인에게 시험해 보도록 하는 것이 가장 이상적인 과제가 될 수 있다.

19

알아차리기(규칙1, 규칙4)

임상적으로 관련된 행동들이 발생하는 바로 그때 그것을 알아차리는 것은 더 강렬하고, 효과적이며, 인간관계에 초점을 맞춘 치료로 발전시킬 수 있는 핵심적 요소가 된다. 잘 알아차리게 되면 임상적으로 관련된 행동들에 대한 치료적인 반응을 더 우수하고 더욱 정확하게 만들어 줄 수 있으며, 결과적으로 깊이 있는 치료 경험으로 연결할 수 있다. 알아차림은 치료자로 하여금 그들의 내담자 이해, 사례개념화, 치료의 초점에 있어서 놀라운 영향력을 발휘할 수 있게 도와준다.

치료자들은 임상적으로 관련된 행동들을 감지하는 그들의 능력을 향상시키기 위해서 다양한 방법을 사용할 수 있다.

(1) 임상적으로 관련된 행동들을 촉발하는 치료적 상황들에 대해서 잘 알고 있으라

임상적으로 관련된 행동들을 불러일으키는 상황 요소에는 시간 구조(45~50분), 상담료, 치료자의 특성(예를 들어, 나이, 성별, 인종, 매력도) 등이 포함된다. 다른 요소로는 대화 중 침묵, 내담자의 감정 표현, 수행을 잘한 내담자, 긍정적인 피드백 또는 보살핌에 대한 표현을 제공하는 치료자, 치료자에게 친밀감을 느끼는 내담자 등이 포함될 수 있다. 또 다른 요소로는 치료자의 휴가, 실수, 뜻하지 않은 행동(흔치 않은 사건들, 예를 들어 내담자가 치료자를 치료 장면 밖의 파트너로 여기는 것, 치료자가 임신을 하게 되는 것 등), 치료의 종결 등이 포함될 수 있다. 이러한 요소들이 발생하는 환경이 되면, 임상적으로 관련된 행동들을 알아차리거나 내담자의 반응을 살펴봄으로써 보다 생산적인 치료로 이어질 수 있다.

(2) 치료자 자신의 반응을 지표로서 활용하라

내담자에 대한 치료자의 개인적인 반응은 임상적으로 관련된 행동들을 파악하기 위해 소중한 지표가 될 수 있다. 치료자 스스로에게 물을 수 있는 질문들은 다음의 것들을 포함한다. 내담자가 당신에게 부정적인 영향력을 미친 경우는 어떤 행동 방식들이 있는가? 내담자가 관계없는 이야기를 해서 주의 집중이 어려웠는가? 내담자가 당신의 질문들을 회피하는가? 내담자가 과제 수행을 미룸으로써 당신을 좌절시켰는가? 내담자의 말과 행동이 다른가? 당신의 모든 개입에 대해 내담자가 비판적인가? 당신과 내담자가 밀접한 상호작용을 할 때 내담자가 벗어나고 싶어 하는가? 내담자는 당신에 대해 관심이나 호기심을 전혀 갖지 않는 것으로 보이는가? 내담자에 대한 당신의 반응이 내담자 삶 속의 다른 사람들의 반응을 대표하는 경우와 당신의 반응이 개인 특유적인 경우를 잘 구분하는 것이 중요한 문제이다. 치료자로서의 반응이 내담자 삶 속의 타인의 반응을 대표하는 경우, 치료자의 반응은 임상적으로 관련된 행동의 좋은 지표가 될 수 있다.

(3) 개인적 기능 평가 도구(FIAT-Q)에 기초해서 임상적으로 관련된 행동들을 확인하라

인간관계에서의 효율성과 관련된 개인적 기능 평가 도구(Callaghan, 2006a)의 다섯 가지 반응 분류에 기초해서 임상적으로 관련된 행동들을 확인할 수 있다.

① 분류 A: 욕구의 주장(인식과 표현)

"욕구"라는 용어는 누군가 원하는 것 또는 가치를 두는 것을 의미하며, 자아, 의견, 생각, 소망, 열정, 갈망 그리고 꿈에 대해 밝히고자 하는 욕구를 포함한다. 임상적으로 관련된 행동1에는 치료자로부터 원하는 것을 인식하거나 표현하는 데 어려움을 느끼는 것 혹은 지나치게 요구하는 것, 남들로부터 도움을 받을 때 무력함을 느끼는 것, 치료자가 요청을 거절할 때 참기 어려운 것 등이 포함된다.

② 분류 B: 쌍방향 의사소통(영향력을 주고받는 것)

이 분류의 행동은 언어적으로 또는 비언어적으로 어떻게 피드백을 주고받는지와 관련된다. 임상적으로 관련된 행동1에는 감사함 혹은 건설적인 비판을 주고받는 데 있어서의 어려움, 자기 자신이나 치료자에 대한 비합리적인 기대, 치료자에 대한 영향력을 거의 인식하지 못하거나 과민함, 문제를 살피지 못한 채 너무 말을 길게 하거나 관계없는 말을 하는 것, 너무 오랜 침묵, 눈맞춤을 너무 오래 유지하거나 혹은 거의 하지 않는 것, 말의 내용과 맞지 않는 몸동작 등이 포함된다.

③ 분류 C: 갈등

"갈등"이라는 용어는 의견 충돌 또는 불편한 상호작용과 관련된다. 임상적으로 관련된 행동1에는 갈등이나 의견 충돌을 참지 못하는 것, 갈등을 회피하거나 혹은 친밀해지는 것을 피하려고 갈등을 일으키는 것, 너무 많은 분노를 표출하기, 갈등 해결에 있어서의 비효율성, 문제가 발생하였을 때 지나치게 자기비판적이거나 혹은 치료자를 비난하는 것, 간접적으로 분노를 표현하는 것(예를 들어, 수동공격적인 표현) 등이 포함된다.

④ 분류 D: 자기공개와 관계적 친밀감

이 분류의 행동은 친밀감에 대한 감정, 자신의 경험에 대한 자기공개를 어떻게 하는지, 다른 사람들에 의해 이해받고 있음을 느끼는 것, 남들에게 감사하고 그들의 욕구를 헤아리는 것과 관련된다. 임상적으로 관련된 행동1에는 친밀감과 배려심을 표현하거나 받는 것에 대한 어려움, 자기공개 및 정서적인 위험 감수에 주저하는 것, 자기에 대해 너무 많은 이야기를 하는 것, 경청하지 못하는 것, 치료자의 욕구를 인식하지 못하는 것(예를 들어, 회기시간 초과하기, 치료자에게 말할 기회를 주지 않는 것), 신뢰하는 데 어려움을 갖는 것 등이 포함된다.

⑤ 분류 E: 정서적인 경험과 표현

"정서적인 경험"이라는 용어는 모든 종류의 정서, 즉 부정적인 정서(예를 들어, 슬픔, 불안, 외로움, 분노)나 긍정적인 정서(예를 들어, 사랑, 자존감, 기쁨, 유머) 모두에 관련된다. 임상적으로 관련된 행동1에는 부정적인 정서나 긍정적인 정서를 인식하고, 느끼고, 표현하는 데 있어서의 어려움, 지나치게 강렬한 방식으로 감정을 표현하기, 감정적인 표현과 경험을 회피하기 등이 포함된다.

(4) 기능분석치료의 사례개념화를 활용하라

17장에서 논의되었던 것처럼 기능분석치료의 사례개념화는 필수적으로 내담자의 진술된 문제들과 치료의 목표들이 어떻게 치료실에서 드러날지 추측하는 것, 그 후 질문을 하는 것 그리고 반복적으로 그러한 가정들을 확증하고 수정하는 내담자의 모습을 관찰하는 것 등을 포함한다. 치료자의 경우 회기 밖에서의 행동이 회기 안에서 드러나는 예시에 대해서 "밖에서 안으로의 적용" 질문들을 다음과 같이 할 수 있다. "당신의 남편이 일을 하고 집에 늦게 왔을 때 당신이 어떻게 반응해 왔는지에 대해 알 수 있겠습니다. 만일 제가 상담 회기에 지각한다면 당신이 똑같은 반응을 저에게 보일 것 같은가요?" 회기 밖에서의 행동과 회기 안에서의 행동에 대해 동등하게 적용하는 이러한 질문을 하는 것을 통해 임상적으로 관련된 행동들을 확인하는 작업에서 도움을 받을 수 있다.

　회기 내에서 잘 알아차리기 위해서는 내담자에 대한 높은 민감성이 필요하고 내담자와 잘 연결될 필요가 있다. 일상적인 대화에서는 상대방에게 일부분의 주의를 기울이는 것만으로도 충분하지만, 기능분석치료에서 치료자의 경우 내담자와 함께하는 순간에 대해 특별한 수준에 해당될 정도로 전적으로 온전히 집중해야 할 필요가 있다. 치료자는 치료적인 상호작용의 세부사항들에 전적으로 주의를 기울여야 하며, 내담자의 기분과 행동의 미묘한 변화도 감지할 수 있어야 한다. 치료자는 내담자의 실패나 성공, 상실과 성취와 관련된 과거력에 깊이 있게 연결되어야 한다. 이처럼 특별한 민감성은 치료자의 마음챙김 훈련이나 친밀한 대상에 대해 정서적이고도 관계적인 측면에서 온전히 몰입하려는 또 다른 노력들을 통해 함양될 수 있다.

　치료자가 상담 회기에 임할 때 내담자와 함께하게 될 관계적인 경험들에 온전히 헌신할 수 있도록 생각을 비우고 열린 마음으로 임하는 것이 중요하다. 이와 비슷하게 치료자는 자신의 사적인 관계에서 깊이 있는 알아차림과 공감을 위한 능력을 개발하는 것이 중요하다. 이러한 과정은 치료자 자신의 T1(회기 내에서 치료자의 문제행동)과 T2(회기 내에서 치료자의 목표행동)를 인식하고, 이러한 사안을 개선하는 데 도움이 될 수 있기 때문이다.

　기능분석치료자는 치료자의 회기 내 문제행동과 치료자의 회기 내 목표행동의 역할에 대해 초점을 맞추게 된다. 왜냐하면 치료자 자신에 대한 인식을 높이는 것은 내담자의 경험에 대한 인식을 높이는 것과 밀접한 관련이 있기 때문이다. 우리는 치료자로 하여금 다음과 같은 질문들을 탐색할 시간을 확보할 것을 권유한다.

- 당신은 내담자와의 작업을 회피하기 위해 어떤 모습을 보이는가?
- 이러한 회피가 당신과 내담자가 함께한 작업에 어떤 영향력을 미치는가?
- 당신의 일상적인 삶 속에서 다루기를 회피하는 것(예를 들어, 업무, 사람, 기억, 욕구, 감정)으로 인해 당신은 어떤 모습을 보이는가?
- 당신의 일상적인 삶 속에서 회피하는 것이 당신과 내담자가 함께한 작업에 어떤 영향력을 미치는가?
- 내담자의 사례개념화에 근거하여 각각의 내담자와의 작업에서 당신이 치료자로서 원하는 '회기 내에서 치료자의 목표행동(T2)'은 무엇인가?

　마지막으로, 알아차림을 증대시키는 노력은 내담자가 보이는 임상적으로 관련된 행동에 적용될 뿐만 아니라 내담자에게 미치는 치료자의 즉각적인 영향력과 장기적인 영향력에도 적용된다. 치료자로서 강화하려고 의도했던 자신의 행동들이 실제로 강화물로서 기능을 하였는지의 정도를 평가하는 것도 중요하다. 강화하려고 의도하였던 행동들이 실제로 강화되었는지를 진정으로 알게 되는 유일한 방법은 목표한 행동의 빈도나 강도의 변화를 장기적으로 관찰하는 것이다.

20

대담해지기(규칙2)

촉발적인 치료적 관계를 만드는 과정에서 종종 치료자로서 위험을 감수해야 하거나 치료자 자신의 친밀감 범주를 확장시켜야 하는 경우가 생긴다. 이러한 위험 감수를 위해 대담해져야 하고, 모험적이어야 하고, 끈기 있게 참아야 하고, 난관에 대한 두려움을 견뎌내야만 한다. 기능분석치료를 잘 수행하려면 종종 자신의 한계를 넘어서야 하고, 자신의 안전지대 밖으로 벗어나는 노력이 요구된다.

기능분석치료의 근거를 가지고 치료를 구조화하기(기능분석치료의 소개)

첫 번째 만남에서부터 치료자들은 기능분석치료의 치료적 근거를 설명함("FAP rap")으로써 내담자를 위해 생생한 상호작용에 중점을 두는 강력하고 촉발적인 치료 환경을 구조화할 수 있다. 기능분석치료가 가장 효과적이려면 내담자로 하여금 기능분석치료의 기본 전제(생생한 문제를 다루는 것이 가장 강력한 변화를 만들어 낼 수 있기 때문에 치료자는 내담자의 외부 문제가 치료적 관계 내에서 드러나도록 하는 방법을 모색할 것임)를 이해하도록 하는 것이 중요하다. 대부분의 경우 상담 치료를 받으러 가서 그들의 문제나 치료실 밖 관계에 대해 이야기를 나눌 것이라고 생각하기 때문에 앞의 기본 전제는 비전형적으로 여겨질 수 있다. 따라서 다양한 버전의 기능분석치료 근거는 내담자가 그 치료적 근거를 완전히 이해할 때까지 초기 전화 접촉에서, 고지된 동의서 내용에서 그리고 치료의 초기 회기에서 설명된다.

기능분석치료의 근거에 대한 다양한 예시는 다음과 같다.

"저는 당신의 일상 삶의 문제들이 우리의 치료 관계 속에서 드러나는 방식을 확인하려고 할 겁니다. 왜냐하면 생생한 문제에 중점을 두는 것이 가장 강력한 변화를 가능하게 하기 때문입니다."

"제가 실행하려는 치료 유형의 주요 원리를 설명하자면, 우리 둘의 관계는 당신의 외부 관계 양상의 축소판이라는 점입니다. 그래서 저는 당신이 타인들과 상호작용하는 방식과 비슷한 당신이 저에게 상호작용하는 방식을 살펴볼 것이고, 다른 사람들에게도 똑같이 발생하는 문제일 수 있으니 제게 발생하는 문제를 살펴볼 것이며, 또는 당신이 저에게 보여 준 긍정적인 행동들을 살펴볼 것입니다. 왜냐하면 저에게 보여 준 긍정적인 행동들을 당신이 타인과의 관계로 전이시킬 수 있기 때문입니다."

"우리 치료의 초점 중 한 가지는, 당신이 자신의 솔직한 것들을 따뜻한 방식으로 표현하고 당신이 원하는 것을 추구할 수 있는 그런 힘을 가진 사람으로 어떻게 변화할 수 있는지에 해당됩니다. 당신이 표현을 더 잘하는 사람으로 발전하기 위한 가장 효과적인 방법은 지금 여기에서, 지금 당장, 나와 함께, 당신이 생각하는 것, 당신이 느끼는 욕구 등을 내게 말하는 것입니다. 비록 그렇게 표현하는 것이 두렵고 위험해 보일 지라도 저에게 지금 말하는 것입니다. 만일 당신이 저와 함께 최선의 당신 모습을 끌어낼 수 있다면 당신의 삶 속에서 타인들에게 그러한 행동들을 실행할 수 있을 것입니다."

"우리의 관계 안에서 당신은 자신의 인간관계 양상을 살펴볼 수 있고, 관계를 맺는 다른 방식을 실험해 볼 수 있으며, 그 후 당신의 다른 관계들에 그것을 적용할 수 있습니다."

"당신이 지난 한 주 동안 느낀 것을 보고하는 것보다는 지금 현재의 당신 경험을 이야기할 때 치료가 더 큰 영향력을 갖게 됩니다. 지금 당장 일어나고 있는 것을 관찰할 때 우리는 더 깊게 경험하고 이해할 수 있으며 치료적인 변화는 더욱 강력하고 직접적일 수 있습니다."

다양한 치료자의 치료 방식이나 폭넓은 안전지대의 범위를 고려해서 기능분석치료의 치료적 근거를 작성하는 방법의 예시들과 더불어 이 사안에 대한 좀 더 자세한 논의는 16장에서 제시된 바 있다.

개인적 기능 평가 도구(FIAT-Q)에 대한 반응 분류를 살펴 보기

19장에서 논의했듯이 일부 치료자의 경우 내담자에게 개인적 기능 평가 도구(FIAT-Q, Callaghan, 2006a)를 시행해서 그 반응들 (Tsai et al., 2009c에서 pp. 64-66을 참조)을 살펴보고 임상적으로 관련된 행동1을 탐색하는 것이 유용함을 알 수 있다. 반응 분류 별로 임상적으로 관련된 행동1을 촉발할 수 있는 치료자의 행동 에는 다음의 것들이 있다.

분류 A (욕구의 주장)

몇몇 질문을 사용하기. "당신은 저에게, 또는 이 치료로부터 무엇을 원하나요?" "당신에게 있어서 정말 좋은 회기였다는 것 은 무엇을 의미하나요?" "진지하게 당신의 욕구를 지적한다면 당신은 어떤 기분인가요?" "당신의 요청을 제가 거절했을 때 당 신은 어떤 기분이었나요?"

분류 B (쌍방향 의사소통)

내담자에게 칭찬을 하거나 긍정적 피드백을 전해 주기, 치료 자와 내담자가 서로에게 긍정적인 피드백을 주는 연습해 보기, 건설적인 비판을 요청하거나 해 주기, 내담자로 하여금 자신의 영향력을 알게 해 주기, 좀 더 눈 맞춤할 것을 요청하기, 언어적 표현에 맞게 몸동작을 보여 줄 것을 요구하기.

분류 C (갈등)

갈등을 유발할 수 있는 주제를 가져오기.

분류 D (자기공개 및 관계적 친밀감)

내담자의 자기공개를 부추기기, 내담자와의 친밀감을 높이기에 적절한 경우 치료자의 자기공개를 제공하기, 친밀감을 차단하는 내담자의 행동을 알려 주거나 친밀감을 높이는 행동을 사용하기.

분류 E (정서적인 경험과 표현)

내담자로 하여금 정서적인 경험과 표현을 더 하도록 부추기기, 내담자에 대한 반응으로서 치료자의 정서적 경험을 자기공개하기, 내담자의 정서조절을 도와주기 혹은 과잉감정의 경우 정서 억제를 도와주기.

임상적으로 관련된 행동들을 촉발하는 자세한 방법에 대해서는 Tsai 등(2009c)의 70에서 83 페이지를 참고할 수 있다.

촉발적인 치료적 방법들을 사용하기

내담자의 문제를 촉발하는 것이 무엇인지 그리고 내담자의 목표행동을 자연스럽게 강화하는 것이 무엇인지에 따라서 통합적인 접근으로서의 기능분석치료는 다양한 치료적 기술을 사용하게 된다. 사용된 치료법의 이론적 기원이 중요한 것이 아니라 특

정한 내담자에 대한 그 기능이 중요한 사안이다. 어떤 치료법이
더라도 그 치료법의 기능이 내담자로 하여금 회피하던 생각, 감
정, 임상적으로 관련된 행동1 등에 접촉해서 표현할 수 있도록
도울 수 있다면 그리고 자연스럽게 강화된 임상적으로 관련된
행동2를 촉발할 수 있도록 도울 수 있다면 그 치료법은 기능분
석치료에 있어서 잠재적으로 유용한 방법이 된다(26장 참조).

다른 치료적 접근으로부터 차용해 온 치료 기법으로는 자유연
상법, 시간에 맞춘 글쓰기 기법(예를 들어, 검열을 거치지 않고 마음
에 떠오르는 모든 것을 글쓰기하기), 빈 의자 기법, 신체감각에 초점
을 맞춘 정서 촉발 작업, 심상화를 활용하여 내담자의 최선의 자
아 이끌어 내기 등이 포함된다. 이러한 기법들은 기능적인 측면
에서 평가된다. 정서적인 표현(예를 들어, 비통함이나 기억된 외상)
은 "에너지의 발산"이나 "억압된 감정의 분출" 등으로 평가되지
않으며, 오히려 정서적인 표현은 좀 더 마음을 열고 관계적 친밀
감을 형성하거나 강화할 수 있는 임상적으로 관련된 행동2로 평
가된다.

기능적으로 가치를 지니고 임상적으로 관련된 행동들을 촉발
하는 데 사용될 수 있다면 다른 치료적 접근으로부터 거의 모든
치료 기법을 차용할 수 있다는 점이 핵심이다. 기능분석치료자
가 행동주의 치료자처럼 보여야 할 필요는 없다. 기능분석치료
자는 행동주의 치료자처럼 행동하면 된다. 그 의미는 전통적으
로 "행동주의적"이라고 꼬리표를 붙이지 않았던 기법들도 흔쾌
히 사용해도 되고 대신에 그 기능들을 명확하게 해서 사용하는

방식을 따르면 된다는 의미이다. 이러한 방식대로라면 기능분석 치료자는 임상적으로 관련된 행동들을 촉발하는 과정에서 기법적 절충주의를 실현하는 모습이며, 그것의 기능적이며 행동주의적인 기본을 놓치지 않으면 된다. 일부 행동주의 치료자들의 경우, "행동주의적" 기법의 정석이라고 배워 왔던 특정한 기법들로부터 벗어나는 것을 불편하게 생각할 수도 있다. 우리는 이러한 것이 불필요한 제한임을 알게 되었다. 이러한 생각은 기능분석 치료의 잠재적 영향력을 매우 축소시키는 셈이다. 이 점과 관련해서 우리의 입장은 치료자들이 새로운 기법을 탐색함에 있어서 그 기법의 형식적인 측면이 아니라 그 기능을 항상 염두에 둔 채 "시도해 보고 살펴보자"는 태도를 지니기를 권유한다.

21

치료적으로 사랑하기(규칙3)

마치 내담자의 삶 속에서 진솔하게 돌보는 관계와 비슷한 모습과 기능을 지닌 치료자의 강화 행동은 자연스러운 강화로 여길 수 있으며, 행동주의적 정의에 따르면 "치료적으로 사랑하기"라고 기술할 수 있다. 치료적인 사랑은 윤리적인 것이며, 항상 내담자를 최우선시하며, 진솔한 것이다. 치료적인 사랑을 위해서 반드시 내담자에게 "사랑(love)"이라는 단어를 써서 표현할 필요는 없다. 그것은 내담자의 일상생활을 개선하려는 목적으로 깊이 있게 배려하고 특별한 민감성과 배려를 발전시켜 나가는 것을 의미하고, 내담자의 이익을 최우선시하며, 내담자가 개선된 행동을 보인 것에 대해 강화를 주는 것이다. 내담자의 목표 행동목록을 치료자로서 보유하고 있고, 치료자의 기대를 내담자의 현재 행동목록과 맞추어서 조정하며, 두드러지게 표현하기 위해서 치료자의 감정을 증폭해서 전달하는 방법 등이 포함된다.

이러한 내용을 좀 더 자세히 논의하기에 앞서서, 치료자가 임상적으로 관련된 행동1에 반응하는 최선의 방법을 먼저 살펴보면서 시작하려고 한다. 임상적으로 관련된 행동1을 통제하는 것은 임상적으로 관련된 행동2를 촉발하고 강화하는 것과 연결되어 있기에 매우 중요한 문제이다.

임상적으로 관련된 행동1에 반응하기

임상적으로 관련된 행동1을 다루는 작업은 내담자의 일상생활 모습과 관련된 부정적인 개인적 반응에 대해 치료적으로 개입하는 과정을 포함한다. "당신이 내게 눈 맞춤을 하지 않으면 당신이 하는 말을 내가 따라가기가 어렵습니다."라고 말하는 것을 예로 들 수 있다. 임상적으로 관련된 행동1을 다룰 때에는 다음의 사항들을 고려해서 진행하는 것이 중요하다. ① 치료자로서 내담자를 배려하고 염려하는 마음으로, ② 내담자의 문제를 내부적이고 생득적인 것으로 여기는 것이 아니라 맥락적이고 상황적인 것으로서 개념화하면서, ③ 회기 중에 발생한 문제행동이 일상생활에서의 문제와 관련된다는 점을 내담자가 동의한 상황에서, ④ 임상적으로 관련된 행동1을 지적해 주는 반작용으로서 내담자가 좀 더 적응적인 행동을 만들어 낼 수 있다는 치료자의 믿음을 바탕으로 진행하는 것이 중요하다.

내담자가 치료자로부터 상당히 많은 긍정적인 강화 반응을 경험하고 강력한 치료적 관계가 만들어진 이후 그리고 내담자로부터 치료자가 그렇게 해도 된다는 허락을 받은 이후(예를 들어,

"당신이 동떨어진 주제로 벗어나게 되면 사람들이 당신 말을 따라가기 어렵다는 문제에 대해 이미 우리가 이야기한 바 있습니다. 당신이 저와 대화하면서 그런 경우가 발생한다면 제가 말을 잠깐 끊어도 괜찮을까요?")에 임상적으로 관련된 행동1을 다루는 것이 가장 이상적이다. 가능하다면 내담자가 임상적으로 관련된 행동2를 보여 준 이후에 임상적으로 관련된 행동1을 다루거나 제지하는 것이 최선이다. 예를 들어, "나와 이야기하면서 때때로 당신은 충분히 슬픈 감정을 느끼는 모습을 보여 주었습니다. 지금 이 순간 당신이 그렇게 하지 못하도록 만드는 것이 무엇인가요?"라고 치료자가 말할 수 있다. 치료자의 목소리 톤과 다른 비언어적 단서들 (앞으로 몸을 기울이거나 의자를 앞으로 끌어당기는 것 등)이 강화물로서 작용할 수 있음을 명심하라. 과거에 공감적인 말투가 효과를 보지 못했다거나 임상적으로 관련된 행동1이 더 엄격한 목소리 톤을 필요로 하는 경우가 아니라면, 일반적으로 공감적인 목소리 톤을 사용할 것을 권유한다.

임상적으로 관련된 행동1에 반응할 때에는 그 행동이 상담 회기의 주된 주제가 아니라는 점과 그 행동을 부정적으로 지적하는 것만으로 상담 회기가 마무리되는 것이 아니라는 점을 분명히 하는 것이 중요하다. 치료자가 임상적으로 관련된 행동1에 반응해 줄 때, 마치 임상적으로 관련된 행동2를 부추기는 것처럼 임상적으로 관련된 행동1을 처벌하려고 애써서는 안 된다. 그리고 치료자가 판단할 때 내담자가 회기 내에서 성공적으로 임상적으로 관련된 행동2를 드러내지 못할 것으로 여겨지면, 내담자 행동에 대해 처벌을 지속하면서 회기 내의 회피적인 요소를 강조하기보다는 기능분석치료의 진행에서 한 발 뒤로 물러서는 것이 낫겠다. 드문 경우지만, 예를 들어 내담자의 행동이 삶을 위협하는 성격의 것이라면, 치료자는 임상적으로 관련된 행동2가 없는 상태에서도 임상적으로 관련된 행동1을 처벌하는 작업을 지속해야 한다. 치료 회기가 임상적으로 관련된 행동2 대신에 임상적으로 관련된 행동1에 반응하는 작업에 의해 주도된다면 내담자는 치료를 중단할지도 모른다.

내담자의 이익을 최우선시하며 개선된 행동을 보일 때 강화해 주기

내담자를 돌본다는 의미는 내담자의 이익을 최우선으로 한다는 것이며 그들이 개선된 행동이나 성공을 보였을 때 강화해 준다는 의미가 된다. 자연스럽게 강화해 주는 치료자의 특징은 Carl Rogers(1961)가 내담자 중심 치료에서 언급했던 것들(진솔함, 공감, 긍정적 존중)을 떠오르게 한다. 남들을 조정하기 위해서 "강화를 이용"하는 것에 반대했다고 알려져 있듯이 Rogers는 그것을 활용하려는 시도를 안 했음이 분명하다. 그러나 내담자에 대한 그의 반응을 세심하게 분석(Truax, 1966)한 것을 살펴보면, Rogers는 내담자 행동의 어떤 측면에 대해서 다른 양상으로 반응했음을 알 수 있다. 그가 말하는 돌봄과 진솔함은 아마도 자연스럽게 임상적으로 관련된 행동1을 처벌하고 임상적으로 관련된 행동2를 강화하려는 관심, 염려, 노력, 개입 등으로 재진술될 수 있다. 따라서 Rogers가 언급한 진솔함과 돌봄은 자연스러운 강화 수반성을 불러일으키도록 도움을 주는 간접적인 방법이 될 수 있다.

내담자의 목표 행동목록을 치료자로서 보유하고 있기

치료자로서 내담자의 목표 행동목록을 보유하고 있을 때, 치료자가 내담자의 임상적으로 관련된 행동1을 잘 구별할 수 있고 임상적으로 관련된 행동2를 잘 강화해 줄 수 있다. 예를 들어, 한 내담자가 치료자의 말에 속이 상해서 입을 다물어 버린 경우, 갈등을 회피하는 성향의 치료자라면 지금 내담자가 속상해서 함구해 버리는 임상적으로 관련된 행동1을 드러내고 있다는 것을 파악하기 어렵고, 둘 사이에 발생한 것을 열린 마음으로 논의하기도 어렵다. 따라서 부정적인 정서를 다루는 기술을 보유하고 있지 못하면 치료자로서 내담자와의 갈등을 풀어내기도 어렵고 내담자로 하여금 자신의 인간관계 삶 속에서 해결할 수 있도록 도움을 주기도 어렵다. 비견한 예로, 치료자가 내담자의 애착과 의존(예를 들어, 치료자에게 일주일에 여러 차례 이메일을 보내거나, 다가오는 치료자의 휴가에 대해 대처하기 어렵다거나 두렵다는 감정을 표하는 경우)에 대해 무시해 버리거나 겁을 낸다면 치료자는 내담자의 감정을 생산적인 방식으로 탐색하는 데 어려움을 갖게 될 것이다. 도움을 주는 논의 방법은 내담자의 충족되지 못한 의존성 욕구를 탐색하고 현재의 관계에서 그것이 어떤 역할을 하는지 살펴본 후, 치료적 관계와 일상생활의 인간관계 속에서 애

착과 의존성을 표현하는 보다 건강한 방식을 생각해 보는 것이
될 수 있다.

치료자의 기대를 내담자의 현재 행동목록에 맞추어 조정하기

내담자의 현재 행동목록을 잘 알고 있으면 치료자가 합리적인
기대를 세우고 개선의 수준을 조율하는 데 도움이 된다.

앞에서 언급하였던 예시의 '치료자에게 극도로 의존적인 내담
자'를 생각해 보면, 치료자가 자신을 떠나 버릴 생각에 자살의
위험을 느끼는 내담자로서 휴가를 떠나는 치료자에게 반갑게 작
별 인사를 건넬 것을 기대하는 것은 현실적이지 않다. 그 대신에
10여 년의 기간 동안 단계적으로 내담자의 행동이 수정되었으
며, 치료적 과정은 내담자의 현재 행동목록에 맞게 내담자가 할
수 있는 것들로 조정되었다. ① 치료자의 휴가 기간에 상담실에
방문하고, ② 기존 치료자의 휴가 기간에 전화 상담을 유지하면
서 다른 대체 치료자를 만나고, ③ 치료자로부터 전이 대상 물건
(예를 들어, 테디베어 인형)을 받고 기존 치료자와 전화 상담 없이
대체 치료자와 회기를 갖고, ④ 치료자가 내담자를 생각하고 있
다는 것을 알게 해 주는 작은 물건을 받고, ⑤ 치료자의 휴가 일
정으로 인해 치료자를 못 만나게 돼도 연락을 취하려는 욕구를
갖지 않도록 단계별로 진행되었다. 물론 난관을 겪었지만, 이러
한 치료적 과정이 10여 년이 넘는 기간 동안 단계별로 진행되었
기 때문에 내담자에게 불가능하게 느껴지지는 않았다. 이 치료

과정을 통해 내담자는 사회적 지지 기반을 모두 마련했고 치료
자를 한 달에 두 번 만나는 수준에까지 개선되었다.

기술적으로 말하자면 원하는 목표행동의 순차적인 근사치를
조성해 가는 원리에 대해서 살펴본 것이며, 임상적으로 관련된
행동1과 임상적으로 관련된 행동2는 마음속에서 다듬어지는 과
정을 거쳐서 정의되어야 한다. 예를 들면, 앞 내담자의 최종적
목표는 치료자로부터의 독립이 될 수 있겠지만, 만일 경직되게
치료자로부터의 독립을 임상적으로 관련된 행동2로 잡게 되면
그 내담자는 치료자에 의해 강화될 수 있는 어떠한 행동도 보여
주지 못했을 것이다. 치료자의 과업은 내담자의 능력 범위 내에
서 점진적인 개선을 확인하는 것이다. 내담자의 현재 기능 수준
을 고려할 때 개선된 부분은 무엇이 있을까? 이 내담자에게 가능
한 것으로서 비록 작지만 실제적인 성취는 무엇이 있을까?

조성과 관련된 문제는 기능분석치료에서 복잡한 문제와 연결
될 수 있다. 구체적으로 말하자면, 치료자의 입장에서 목표행동
에 순차적인 근사치에 해당하는 임상적으로 관련된 행동2를 강
화할 수 있을지라도 이러한 임상적으로 관련된 행동2가 치료실
밖의 다른 사람에 의해서는 강화되지 않을 수도 있다. 즉, 치료
관계에서 발생한 행동이 바깥세상에서 성공적으로 일반화되지
않을 수 있다. 예를 들어, 매우 수줍어하는 내담자의 첫 번째 자
기주장은 그것이 비록 서툴고 바깥세상의 성공 기준에 부합하지
않더라도 치료자에 의해서 강화될 수 있다. 비슷한 예로, 자신의
아내와 더 많은 시간을 보내고자 처음으로 노력한 내담자가 아

내로부터 "당신이 원하는 것은 날 성가시게 만들려는 것이군요." 라는 말을 듣고 멈춰 버릴 수도 있다. 이러한 문제가 생기면 내 담자와 직접적으로 논의를 시작할 수 있다. 치료자가 내담자에 게 설명하기를, 치료적 관계는 바깥세상으로 나가기 전에 중요 한 관계적 행동을 연습하고 개선시키는 기회라고 말할 수 있다. 치료적 관계에서의 유일한 목적이 내담자를 돕는 것이기 때문에 치료자는 작은 변화에도 민감해서 영향을 잘 받을 수 있다고 설 명할 수도 있다. 실제의 인간관계는 좀 더 복잡하고, 실제의 관 계에서 상대방이 함께 변화하기까지는 시간이 필요하고 인내심 이 필요할 수도 있다. 내담자의 현재 기능 수준을 잘 파악하고 그 수준에 맞게 작은 변화라도 자연스럽게 강화해 줄 수 있다면, 치료자는 내담자로 하여금 작은 변화에 대해 감사함을 느끼게 만들어 주어 결국 타인으로부터의 긍정적 반응이 없더라도 스스 로 강화할 수 있는 수준으로 이끌어 줄 수 있다.

두드러지게 표현하기 위해서 치료자의 감정을 증폭해서 전달하기

때때로 치료적 효과를 높이기 위해서 치료자가 강화의 반응을 분명하게 전달하는 것이 도움이 될 수 있다. 이 과정에서 비록 강화의 본질은 기본적으로 바뀌지 않지만, 감정을 증폭해서 전 달하는 것이 내담자로 하여금 치료자의 개인적 반응을 감별하는 데 도움을 준다. 그렇지 않으면 치료자의 개인적 반응은 알아차 리기 어려울 정도로 지나치게 미묘할 수 있다. 예를 들어, 친밀한 관계를 형성하기에 어려움을 겪는 내담자가 회기 중에 취약한 감정을 드러내는 시도를 했다고 가정해 보자. 내담자의 자기 공개에 대해 치료자는 보살핌의 행동 또는 "가까워진 느낌"의 개인적 반응을 미묘하게 표현했다. 아마도 이러한 반응은 내담자에 의해 지각되지 못하는 경우(어쩌면 내담자의 임상적으로 관련된 행동1이 남들의 긍정적 반응에 둔감함과 관련될 수도 있음)이거나 미약한 강화 효과만 기대된다. 따라서 치료자는 자신의 개인적 반응에 대해서 "당신이 지금 말한 것으로 인해 진심으로 감동받았습니다."라고 말하며 표현해 주는 것이 좋겠다. 증폭된 감정 표현이 없다면 이처럼 중요한 반응이 내담자의 행동에 대해 거의 강화를 주지 못하거나 아예 강화 효과를 보이지 않을 수도 있다. 이와 같은 말을 하는 가운데 치료자는 새로운 위험을 시도하는 경우가 될 수도 있고 내담자에게 친밀감 주제의 임상적으로 관련된 행동들을 촉발시킬 수도 있다.

22

자기공개: 내담자에게 치료자 자신의 개인적 반응을 드러내기

치료자의 자기공개란 내담자가 일반적으로 모르고 있는 개인적인 정보를 내담자와 공유하는 것이다. 이는 치료자의 입장에서 보면 위험과 취약성을 내포하고 있지만, 임상적으로 관련된 행동들을 강화 및 촉발하거나 효율적인 행동의 모델링을 돕는 진솔하고 자연스러우며 매우 효과적인 수단을 제공한다는 점에서 기능분석치료의 핵심 요소이다.

치료자 자기공개의 전략적 사용(Tsai, Plummer, Kanter, Newring, & Kohlenberg, 2010)에 대해 살펴보면, 치료자의 익명성을 우선시하고 치료자의 자기공개가 치료적 틀을 벗어나는 것으로 인식(Edwards & Murdock, 1994)하던 초기의 심리치료 전통과 대조를 이루고 있다. 시간이 지나 이론 및 축적된 연구 결과에 따르면 특정 맥락에서의 적절하고 전략적인 치료자의 자기공개는 지지를 받게 되었다(예를 들어, Barrett & Berman, 2001; Knox & Hill, 2003; Watkins, 1990). 흥미롭게도 이론과 연구가 자기공개를 지지하고는 있지만, 관련 문헌을 살펴보면 치료자의 자기공개는 가장 빈번하게 사용되지 않는 치료 전략 중 하나로 여겨진다(Hill et al., 1988). 따라서 이 장에서는 기능분석치료에서의 치료자 자기공개에 대한 치료적 근거를 살펴보고, 실제 자기공개의 임상 사례를 제공하며, 회기 내에서 자기공개의 효율성을 증가시키는 치료자의 기술을 강조할 것이다.

치료자가 강화물로서 특별한 존재가 되어 있는 경우, 자기공개는 시기와 진솔성 측면에서 전략적으로 제시되기만 한다면 치료자로서 제공하는 가장 강력한 반응 중의 하나가 될 수 있다. 치료자가 임상적으로 관련된 행동들에 대해서 그들의 사적인 반응을 표현할 때 그 사적인 반응은 내담자들이 이전에 직면하지 못하였을 수 있는 핵심적인 정보, 즉 내담자의 행동이 자신의 인간관계와 주위 사람들에게 미치는 영향력에 대한 정보를 제공해 준다. 내담자의 인간관계 행동이 개선되었을 때 이러한 개선에 대한 치료자의 사적인 반응은 치료자가 내담자에게 제공하는 흔하지 않은 강력한 선물이 될 수도 있다. 예를 들어, 한 내담자가 과거에 회피하였던 문제를 회기 내에서 밝히려는 용기 있는 시도를 한다면 그 당시에는 상당히 취약한 감정을 느낄 수 있다. 그에 대해서 자신의 취약함을 공개하려는 자연스러운 욕구를 갖는 치료자도 치료적 경계를 넘을 수 있다는 걱정 때문에 주저할 수 있다. 그러나 그 순간 기능분석치료자가 용기 있고 사려 깊은 자기공개를 하게 되면 그 효과는 매우 강력할 수 있다. 예를 들어, "지금 당신의 용기 덕분에 이 순간 저 역시 취약함을 느끼고 있다는 사실을 말할 용기가 생겼습니다. 바로 지금, 저는 우리가 여기 함께하고 있다는 것을 느낍니다." 이러한 언급은 내담자의 자기공개를 강화하고, 치료적 관계에서의 진솔한 친밀감을 향상시키고, 바깥세상의 인간관계와 좀 더 유사한 치료적 관계를 형성하고, 그 결과 일반화를 용이하게 만들 것이다. 자기공개의 또다른 이득은 치료자가 어떻게 느끼는지 분명한 피드백을 내담자에게 제공해 주고 그 결과 다른 사람들이 어떻게 느끼는지 알려주는 미묘한 단서를 읽는 방법을 학습할 수 있게 도움을 준다는 점이다.

처음부터 우울과 불안 증상을 보고했고 친구가 많음에도 불구하고 외로움을 느낀다고 불평하는 내담자를 가정해 보자. 그 내담자는 스스로에 대해 완벽하게 행복한 전문가라는 허상을 유지하고 있으며, 한편으로는 남을 속이고 있는 느낌을 갖고 있었다. 지난 회기 동안 마음을 열거나 취약함을 드러내려 하지 않고 지적이고 유머러스하고 즐겁다는 허상을 유지(임상적으로 관련된 행동1)하던 내담자는 6회기 이후, 최근의 사업 실패 그리고 그 실패가 가져다준 수치심과 다른 사람들이 어떻게 볼지에 대한 두려움이 얼마나 심각했는지에 대해 처음으로 공개하면서 울음을 터뜨렸다. 이렇게 감정적으로 마음을 여는 것은 의미 있는 임상적으로 관련된 행동2로 간주될 수 있음을 인식하면서 치료자는 경청 시 눈물이 흐르는 것을 숨기지 않았으며, 내담자의 임상적으로 관련된 행동2가 어떻게 그들의 관계를 변화시켰는지 내담자에게 설명해 주었다.

"저는 당신이 그렇게 오랫동안 홀로 깊은 고통을 겪어 왔었다는 것을 이해하지 못했습니다. 그리고 지금 당신이 제게 진정한 자신의 모습을 보여 줄 수 있을 만큼 저와 우리의 관계에 대해 신뢰해 준 점에 경의를 표하며 감명받았습니다. 솔직하게 말해서 우리의 모든 회기를 통틀어 가장 기억에 남는 감동적인 순간이고 이전보다 훨씬 당신과 가까워진 기분이 들게 합니다."

자기공개가 상호적인 자기공개를 이끌게 되면 그것은 건강한 의미의 호혜성에 해당되고, 일상생활에서의 친밀한 상호작용에 알맞기 때문에 치료자에 의한 이러한 자기공개는 내담자를 자연스럽게 강화시켰을 것이다.

긍정적인 속성으로서의 자기공개는 대부분의 치료자에게 쉬운 반면, 내담자가 비효율적으로 행동하는 경우에는 자기공개 사용의 또 다른 중요한 측면을 이해해야 한다. 예를 들어, 다른 사람과의 관계를 회피하는 사회불안장애 내담자가 관계를 맺는 방법을 배우고 싶어 하는 상황을 고려해 보자. 내담자가 문장의 끝부분을 중얼거리고 얼버무리는 임상적으로 관련된 행동1을 보여 줄 때, 숙련된 기능분석치료자는 대화를 듣는 시점의 끝부분에서 어떻게 느껴지는지 바로 그 시점에서 말해 줄 수 있다.

"당신이 이야기하던 그 당시에는 부분부분 이해할 수 있었습니다만, 끝부분에서 중얼거리고 작은 목소리로 들리지 않을 정도로 얼버무리기 때문에 저로서는 알아듣기가 매우 어렵습니다. 제가 느끼기에 당신은 소통을 하고 싶은 마음도 있지만 거리를 두고 싶은 마음도 가지고 있기 때문에 제가 당신의 얘기를 알아들을 수 없다고 생각합니다."

내담자의 임상적으로 관련된 행동1이 관계를 형성하기 위해 노력하는 치료자를 얼마나 힘들게 하는지 설명해 주는 이러한 유형의 자기공개는 한편으로는 내담자의 임상적으로 관련된 행동1을 처벌하면서 한편으로는 공감적인 양상을 보인다.

치료자의 자기공개는 두 가지 상이한 수준에서 발생할 수 있다. 첫 번째 수준은, 치료자의 인지, 정서, 생리적인 경험에 미치는 내담자 행동의 영향력을 드러내는 것이다. 내담자의 임상적으로 관련된 행동들에 의해 영향을 받았던 치료자로서의 개인적인 생각, 기억, 감정을 공유하는 것이다. 생리적인 자기공개의 경우, 기능분석치료자는 내담자의 임상적으로 관련된 행동에 대한 신체적 반응을 드러내는 표현들(예를 들어, "제 가슴속에 따뜻한 감정이 피어나는 느낌입니다." 또는 "갑작스레 제 복부에서 긴장감이 느껴집니다.")을 할 수도 있고, 보다 직접적으로 비언어적인 반응들(예를 들어, 의자의 앞부분으로 앉기, 울컥하기, 호탕하게 웃기)을 보일 수도 있다. 치료자의 이러한 행동들은 치료자의 직접적이고 원초적인 반응을 내담자로 하여금 쉽게 무시하거나 부인할 수 없는 방식으로 드러내기에 지적인 언어표현을 뛰어넘는 더욱 강력한 형태의 자기공개가 될 수 있다.

두 번째 수준의 자기공개는, 기능분석치료자로서 감정적으로 취약한 자신의 무언가를 공개할 때 발생한다. 여기에는 관련된 개인사, 회기에 영향을 미치는 감정적 상황들, 과거의 고난들, 또는 치료자의 외부 삶과 관련된 다른 정보들 등의 광범위한 것들이 해당될 수 있다. 이러한 유형의 치료자 자기공개는 일반적으로 내담자를 강화시키거나 효과적인 감정 표현, 감정 억제, 감정 수용을 모델링하기 위해 사용한다.

자기공개를 사용할 때 치료자는 다음 사항을 명심해야 한다.

1. 먼저 가장 중요한 것을 말하자면, 자기공개는 내담자에게 가장 이득이 된다고 평가될 때에만 타당하다.

2. 자기공개가 이루어졌을 때 치료자는 반드시 내담자에 대한 자기공개의 영향력을 평가(규칙4)해야 하는데, 종종 다음의 질문들을 직접적으로 묻게 된다. "제가 우는 것을 보셨을 때 기분이 어떠셨나요?" 또는 "저 또한 어린 나이에 아버지를 잃었다는 이야기를 듣고 어떤 영향을 받으셨나요?" 등의 질문이 가능하다. 치료자의 특정한 자기공개가 내담자를 강화시키거나 행동을 조성할 것이라고 가정하지 않는 것이 중요하다. 일부 임상적 군집의 경우, 타인의 감정적 표현을 해석하는 데 상당한 어려움을 갖기 때문이다. 오해석을 피하고 자기공개를 어떻게 구성해서 전달해야 하는지 제대로 측정하기 위해서 치료자는 반드시 내담자와 의사소통을 해야만 한다.

3. 자기공개를 사용하는 치료자는 치료자 자신의 T1(회기 내 치

료자의 문제행동)과 T2(회기 내 치료자의 목표행동)를 잘 알고 있을 필요가 있다. 그럼으로써 치료자는 자신의 개인적 반응 가운데 내담자가 상호작용하는 보편적인 사람들의 대표적인 반응과 치료자의 강화 역사를 만들어 낸 치료자의 선호에 따른 개인 특유적인 반응을 구분할 수 있다. 이것은 기능분석치료의 슈퍼비전(28장 참조)에서 주된 목표 가운데 하나이며, 특정한 정서적 친밀감을 불편해하는 것 때문에 임상적으로 관련된 행동2를 보이는 내담자에게 자기공개를 못하거나 혹은 오히려 처벌을 가하게 되는 치료자의 실수를 이해하도록 도와줄 수 있다. 요약하자면, 치료실에서 자기공개를 사용하기 전에 "치료자 자기 자신을 먼저 알아야 한다"는 것이다.

4. 임상적으로 관련된 행동1에 대해 부정적인 반응을 드러내고자 할 때 강력하고 확고한 치료적 동맹을 만들어 놓은 상태에서 그렇게 하는 것이 중요하다. 일단 사례개념화가 만들어졌으면 내담자의 행동이 치료자의 감정, 사고, 생리에 어떤 영향을 미치고 있는지에 대해 내담자와 공유하는 것이 효과적이다. 예를 들어, 회기와 관련이 없는 이야기에 휩쓸려 버리는 성향이 강한 내담자를 고려해 보자. 내담자는 자신의 관계 속에서 무시당한다는 느낌을 받는다고 자주 불평한다. 내담자와 강력한 치료적 동맹을 만든 후 치료자는 다음과 같이 말할 수 있다.

"제가 이 이야기를 잠깐 끊어야 하겠습니다. 왜냐하면 당신이 이 이야기에서 점점 더 머물고 있을 때 당신이 내게 의사소통하려는 핵심부로터 제가 더 멀리 떠내려간다는 것을 느꼈기 때문입니다. 제가 이야기의 세부적인 내용에 휩쓸려 버리고 당신을 놓쳐 버린 느낌이 듭니다. 당신 삶 속의 사람들로부터 이해받지 못하고 무시당하는 느낌을 받았다고 저에게 말씀하신 것을 기억합니다. 지금 이 순간 제가 궁금한 것은 저의 경우와 당신 삶 속의 다른 사람들의 경우 모두에서 공통되게 경험되는 것에는 이야기를 장황하게 하는 경향성이 무언가 기여하는 부분이 있지 않나 하는 것입니다. 당신이 이 이야기를 통해서 제게 말하려는 바에 있어서 가장 중요한 부분을 강조하는 다른 방법이 아마도 존재한다고 봅니다. 당신이 제게 직접적으로 이야기하는 것도 방법이 될 수 있을 것입니다."

이러한 방식을 통해서 치료자의 자기공개는 즉각적인 영향력(앞 사례의 경우, 내담자의 이야기 구술 방식에 의한 비효율적인 영향력)과 관련된 비판적인 정보를 제공하면서도 이해, 염려, 공감을 드러낼 수 있다.

23

과제(규칙5)

모든 행동주의 치료와 마찬가지로 기능분석치료에서도 과제를 사용한다. 간결하게 정리하자면, 과제는 치료를 구조화하기 위해서 혹은 치료 효과를 일상생활로 일반화하는 연습을 하기 위해서 자료나 정보를 수집하는 과정에서 내담자에게 부여된다. 기능분석치료에서 과제 부여는 세 가지 방법으로 사용된다.

기능분석치료 과제의 첫 번째 유형은, 거의 모든 인지행동치료의 접근법에서 사용되는 포괄적인 유형이다. 내담자로 하여금 인지행동치료 프로토콜에 따라서 해당되는 자료를 수집하거나 구체적인 활동에 참여하도록 요구한다. 예를 들면, 26장에서 논의되는 인지행동치료의 사고 기록지(가정에 대한 도전을 포함), 활성화 목표를 계획된 횟수대로 이행하는 행동활성화치료의 행동 기록지, 촉발된 상황에서 불안을 경험하도록 유도하는 불안장애에 대한 수용전념치료의 경험 시도 기록지 등이 해당된다.

그러나 이러한 유형으로 기능분석치료 과제에 접근하는 방식은 일반적인 인지행동치료의 방법과 차이가 있다. 일반적으로 과제의 수행은 결과물을 증진(Addis & Jacobson, 2000)시키고, 내담자는 과제의 수행을 권유받는다고 우리도 믿고 있지만, 여기에는 한 가지 주의사항이 있다. 기능분석치료의 규칙1을 적용해 본다면 과제의 수행 자체가 임상적으로 관련된 행동1이 될 수도 있다. 예를 들어, 요청받은 일에 불평 없이 순응만 해서 결과적으로 과잉 노력을 하게 되고 그에 압도되는 일상생활 문제를 지닌 내담자를 생각해 보면 과제의 완수는 과잉 노력이라는 임상적으로 관련된 행동1이 될 것이다. 기능분석치료의 관점에서 볼 때, 부적절한 순응의 임상적으로 관련된 행동1은 치료자로 하여금 내담자의 문제를 실제로 살펴보는 기회를 제공하고, 보다 생산적인 행동(임상적으로 관련된 행동2)을 조성하고 강화하는 계획을 마련하는 기회를 제공한다. 여기서 보다 생산적인 행동에는 예상되는 문제를 직접적으로 말하는 것, 과잉 노력을 피하기 위해 과제 시간의 지연을 요청하거나 과제 할당량의 감소를 요청하는 것 등이 해당될 수 있다.

이와 반대로, 과제의 미완수도 임상적으로 관련된 행동1이 될 수 있으며, 치료 중에 발생한다면 지금 당장 이 자리에서 문제를 해결할 수 있는 기회를 제공하게 된다. 또는 숨막히게 과잉 통제적인 부모, 실패에 대한 두려움(예를 들어, "만일 잘 해내지 못하면 나는 실패할 거야."), 주의산만이나 조직화 능력의 문제(성인 ADHD-주의력 결핍 및 과잉행동 장애)로부터 발생하는 역-통제(비행동주의적 용어로는 '수동공격성'으로 알려짐)와 같은 사안을 다룰 수 있는 기회를 제공한다.

기능분석치료자들이 사용하는 과제의 경우, 타인에게 취약한 모습 보이기, 자기주장을 시도하기, 긍정적 혹은 부정적 감정 드러내기 등과 같은 인간관계적 위험 감수를 강조할 수 있다. 물론 표준적인 인지행동치료 프로토콜에서도 인간관계에 중점을 두는 과제가 사용되지만, 기능분석치료 중심의 치료자들에 의해 훨씬 넓은 범위에서 사용되고 있다. 게다가 일부 과제는 기능분석치료에 한정된다. 예를 들어, 기능분석치료자는 통상적으로 매 회기 후 "회기 간 연결" 기록지를 부여(부록 참조, Tsai et al., 2009c를 볼 것)하며, 이는 그다음 회기의 시작 시 제출하도록 한다. 기록지에서는 치료자와의 연결 수준에 대한 질문뿐만 아니라 회기의 다양한 측면에 대해 긍정적인 것과 부정적인 것 모두의 피드백을 적어 내도록 요청한다. 또한 회기 간 연결 기록지에서는 "당신의 일상생활 문제와 비슷한 어떤 문제가 회기 중에 또는 치료자와의 관계에서 발생하였는가?"에 대해 묻기도 한다. 따라서 회기 간 연결 기록지 과제는 치료자-내담자 관계에 중점을 두는 것에 도움이 되며, 또한 임상적으로 관련된 행동을 보다 잘 알아차리는 데에도 도움이 된다.

기능분석치료에서 사용되는 과제의 두 번째 유형은, 치료자-내담자 관계의 맥락에서 발전시킨 인간관계 기술을 내담자로 하여금 일상생활 속에서 연습하도록 요청하는 것이다. 이 과정은 규칙5 해석을 이용해서 용이하게 만들 수 있다. 예를 들어, 친밀한 관계를 형성하는 데 어려움을 겪는 내담자를 고려해 보자. 이 내담자는 감정 표현의 어려움을 겪을 때 치료자와의 눈 맞춤을 거의 하지 못한다. 이러한 행동이 임상적으로 관련된 행동1로 파악되었고, 회기의 명확한 목표인 임상적으로 관련된 행동2는 눈을 맞추는 행동이 늘어나는 것으로서 이는 지금-여기에서 강화된다. 그 내담자는 다른 사람과 눈을 맞추는 행동을 늘려 볼 것을 요청받게 될 것이다. 규칙 5에 따라 다음과 같이 기술될 수 있다.

> "우리가 처음 치료를 시작했을 때 당신은 감정을 회피하려 했고 시선을 분산해서 저와의 관계 형성을 최소화하려는 모습을 보였습니다. 그 모습은 우리 둘 사이에 거리감을 형성했습니다. 당신이 이러한 문제를 인식하고 난 이후, 감정을 표현하기 위해 저와의 눈 맞춤을 의식적으로 더욱 노력해 줌으로써 우리의 관계가 더욱 친밀해졌습니다. 당신이 같은 일을 당신의 친구인 Carol에게 시도해 보고 그 후 친구와의 관계에서 친밀감에 어떤 변화가 생기는지 살펴볼 것을 제안합니다."

그리고 난 후 치료자는 내담자로 하여금 Carol과 수행할 매우 구체적인 과제를 부여해 주는 계획을 수립할 수 있을 것이다.

과제의 세 번째 유형은, 아마도 "회기 작업"이라는 명칭이 더 어울릴 것으로 여겨지며, 치료자-내담자 관계 속에서 학습한 것을 내담자로 하여금 실제로 연습하고 적용해 볼 것을 부여하는 것이다. 그러나 그 연습을 실생활 속의 타인들에게 수행하도록 요청하는 대신에, 내담자로 하여금 기능적으로 "실제 생활"의 특징들을 가지고 있는 회기 장면 안에서 치료자를 대상으로 연습할 것을 요청한다. 우리는 이를 "역할-연기"라고 언급하지 않으며, 지금-여기에서의 치료자-내담자 관계에서 발생하는 실제 삶의 행동이라고 언급한다.

다음의 예를 고려해 보자. 한 여성 내담자는 타인과의 상호작용 후에 스트레스에 기반을 둔 신체적 통증을 겪기 때문에 피로감을 느끼게 되었다. 그녀는 스트레스 때문에 자신의 인간관계 폭을 제한해서 "데이트"와 같은 짧은 만남에 한정했고, 많은 시간을 함께 보내야 하는 장기간의 관계를 거부하게 만들었다. 그녀가 경험하는 스트레스의 주된 요인은 대화할 소재가 풍부하기 위해서, 그리고 쾌활하고 생동감이 넘치고 흥미로워 보이기 위해서 항상 그녀의 말에 준비가 되어 있어야 한다는 지나친 부담감을 가지고 있기 때문이었다. 그녀는 남자들로부터 많은 인기를 얻기 위해서는 이러한 부담감을 감수해야 한다고 인식하고 있었다. 기저에는 그녀 스스로 재미없고 매력적이지도 않으며 만일 편안하게 행동하고 풀어진 모습을 보인다면 아무도 그녀를 찾지 않으리라는 믿음이 있었기 때문에, 그녀의 관점에서 보면 이런 부담감과 항상 준비를 하려고 애를 쓰는 모습은 당연한 일이었다. 당신이 예측할 수 있는 것처럼 그녀는 치료 기간 중에 동일한 임상적으로 관련된 행동1을 보여 주었다. 매 회기를 그녀는 잘 수행해 나갔으며, 분명히 흥미로워 보였고 생기가 넘쳐 보였다. 그녀는 회기 전에 어떻게 하면 치료자에게 흥미롭게 보일 수 있을지에 대한 계획을 세우기 위해 상당히 많은 시간을 준비했을 것이다. 이와 같은 임상적으로 관련된 행동1이 인식되었을 때 치료자는 "회기 작업"을 부여했다. 그녀에게 미리 준비하지 말고, 가만히 앉아서 긴장을 풀고 회기에 임할 것을 제안했고, 대신에 대화할 주제는 치료자에게 맡겨 둘 것을 자주 시도해 보라고 제안했다. 간단히 말해, 회기를 흥미롭게 만드는 것에 대한 그녀의 전적인 부담감을 내려놓고 그 대신에 치료자와 함께 그 부담감을 나눌 것을 요청했다. 그녀의 초기 반응은 그녀가 할 수 있을지 모르겠지만 노력해 보겠다는 것이었다. 추후의 몇 차례 회기 동안 그녀가 노력했고, 이러한 임상적으로 관련된 행동2가 조성되고 강화되었다. 마침내 그녀는 편안히 앉아 긴장을 풀고 치료자가 가져올 주제에 대해 기다릴 수 있는 경우가 늘어나게 되었다. 그녀는 상담 회기에 대한 스트레스를 덜 받게 되었고, 스스로에 대해서 원래 매력적인 사람이고 치료자를 의미 있는 대화로 이끌 수 있는 사람임을 깨닫게 되었다. 결과적으로는 치료에서 두 번째 유형의 과제도 제시되었고, 그녀로 하여금 그녀의 삶 속의 타인들에게 같은 유형의 행동을 시도해 볼 것을 요청하게 되었다.

기능분석치료에서 세 가지 유형의 과제는 모두 공통적으로 치료에서 얻은 효과를 일상생활에 적용하는 과정에 해당하며, 이는 단독으로 또는 함께 사용될 수 있다.

24

내담자와 대화하기(규칙5)

치료 회기에서는 상당히 많은 양의 대화가 진행되는데, 이 규칙은 기능분석치료에 있어서 어떤 유형의 치료자 대화가 특별히 중요한 것인지를 알려 준다. 내담자는 치료자에게 "내가 왜 그 것을 해야 하나요?" 혹은 "왜 나는 친밀해지는 것을 두려워하나요?" 등의 질문을 할 수 있으며, 치료자는 무언가 대답을 기대하게 된다. 행동주의의 관점에서 볼 때 그 대답은 "이유"라고 언급되는 일종의 언어적 행동인 셈이다. 기능분석치료에서 이유는 내담자로 하여금 그들의 문제를 해결하는 것을 돕고 치료에서의 진전을 일상생활에 일반화시키는 것을 돕기 위해 존재한다. 기능적인 분석으로 이루어진 이유에는 내담자들이 그들의 방식으로 행동하는 것이 얼마나 적응적인가를 설명해 주는 개인력이 포함될 수 있다. 예를 들어, 친밀해지고 마음을 여는 것이 밀접한 관계의 형성과 유지에 도움을 줄 뿐만 아니라 처벌에 대한 취약성을 불러일으키는 경우도 있을 수 있다. 어떤 특별한 내담자의 경우, 유년기와 그 이후의 시기까지 친밀한 관계를 맺으려는 그 내담자의 시도가 처벌되었던 개인력을 지니고 있다. 이러한 과거를 언급하며 자신의 친밀감이 부족함을 설명하는 내담자의 경우, 그 문제를 치료하기 위해 향후 위험을 감수하는 시도가 내담자에게 도움이 될 수 있다.

회기에서의 행동과 일상생활에서의 행동을 같게 하기

'밖에서 안으로의 일치'는 일상의 사건이 회기 내 사건에 적용될 때 사용하고, '안에서 밖으로의 일치'는 회기 내 사건이 일상의 사건에 적용될 때 사용한다. 이러한 개입은 임상적으로 관련된 행동을 파악(규칙1)하는 데 도움을 줄 뿐만 아니라, 내담자-치료자 관계에서 만들어진 이득을 일상생활에 일반화(규칙5)시키는 것을 용이하게 해 준다. 두 가지 유형의 개입이 모두 중요하며, 성공적인 기능분석치료 회기는 다수의 안에서 밖으로의 일치와 밖에서 안으로의 일치를 통해 일상생활의 내용과 회기에서의 내용을 상당 부분 조율한다.

일반화를 촉진하는 것은 기능분석치료의 핵심적인 부분이다. 다음의 예는 우울증과 금연을 위해 진행된 20회기의 치료에 참여한 기능분석치료자와 내담자 "Alicia" 사이의 상호작용에 관한 것이다. 누군가 일단 자신에게 관심을 보인다는 사실을 알게 되면 밀어내려고 애를 쓰고 있는 Alicia에게 밖에서 안으로의 일치에 대해서 대화를 나누고 있다.

치료자: 우리의 관계가 매우 중요하고 우리의 관계는 세상 밖 당신의 인간관계 양상의 축소판임을 이미 제가 여러 차례 치료 중에 이야기했던 것을 당신도 잘 아실 겁니다. [규칙2: 임상적으로 관련된 행동을 촉발하라. 치료자의 가설에 따르면, Alicia가 등이 아프다는 이유로 최근 회기들을 취소한 것은 임상적으로 관련된 행동1이 될 수 있으며, 치료적 관계에서 친밀감이 증진되는 것에 대한 회피로 여겨진다(규칙1: 임상적으로 관련된 행동을 잘 인식하라).]

내담자: 네, 저도 그것을 생각해 봤고 회기 연결 기록지에 조금 작성해 보았습니다. 제가 지금까지 지내왔던 관계들, 특히 남자친구들에 대해서 돌아보면 저는 진심으로 누군가를 추구하는 상황을 즐겼는데 상대방이 저를 향해서 일단 좋아하기 시작하면 저는 '넌더리'를 느끼게 되었습니다. 그리고 숨이 막히는 기분이 들었고요. 지금 이 관계에서도 역시 제가 그러고 있다는 것을 깨닫게 되었습니다.

치료자: 저와의 치료 관계에서 말이죠?

내담자: 네, 처음에는 신이 나고 모든 게 새로웠어요. 그런데 그 후 당신이 저에게 초점을 맞추고 관심을 기울여 주셨을 때에 저는 마음이 얼어붙었습니다. 제가 쏟아부었던 열정을 사람들이 다시 나에게 돌려주는 때에 제 정신이 나가 버리는 이유를 모르겠습니다.

치료자: 친밀한 관계는 많은 상처를 가져올 수 있고, 당신도 남자들과의 관계에서 경험해 보셨을 겁니다. 그렇기 때문에 당신

이 조심스럽고 거리를 두려고 하는 것을 이해할 수 있습니다. 당신이 거리를 두려는 것으로 인해 당신이 관계에 대한 더 많은 통제감을 가질 수 있지만, 한편으로는 회피를 하려고 하는 결과물을 가져올 수 있습니다[규칙5 해석]. 당신이 이것을 밖으로 표현했다는 사실이 중요합니다. 제가 느끼기에 분명히 당신은 자제력을 잃은 것으로 느껴졌기에 그렇게 표현했다는 사실이 믿을 수 없을 만큼 대단했습니다[규칙3, 그녀가 말한 것에 대한 자연스러운 강화].

내담자: ……관계가 나에게 중요해지는 단계가 되었을 때 저는 일종의 심리적인 타이밍을 측정한 후, 내가 거절당하기 전에 먼저 거절해야 합니다. 만일 내가 그 생각을 멈추고 지금 당장 거절당하지는 않을 거라고 확신하게 되면, 저는 또 같은 실수를 범할 수 있으니까요.

치료자: 이게 아주 중요합니다. 저는 당신과 관계를 다시 구축해서 이 문제가 다시 거론되게 하고, 그것을 함께 다시 이야기할 때까지 기다릴 수가 없어요. 누군가가 당신에게 어떻게 지내는지를 묻는 그런 관계가 얼마나 소중한지, 그리고 당신이 내게 이렇게 말해 주는 것이 얼마나 소중한 관계인지 아무리 강조해도 지나침이 없습니다. 우리가 지금 나누는 이 대화의 모든 것이 정말 놀랍기만 합니다[규칙3, 자연스러운 강화를 늘리기; 규칙5, 안에서 밖으로의 일치를 유도하기].

기능적으로 분석된 해석을 제공해 주는 것은 두 가지 방식에서 내담자를 도울 수 있다. 첫째, 해석이나 이유를 제공해 주면 처방, 지도, 또는 규칙으로 이어질 수 있다. "당신은 당신의 어머니에게 하는 것처럼 당신의 부인에게 행동하고 있습니다."라고 해석해 주면, "당신의 부인은 분명 당신의 어머니가 아니기 때문에 아내에게 걸맞게 행동해야 합니다. 그러면 당신의 관계도 나아질 것입니다."라는 처방으로 이어질 수 있다. 둘째, 이유를 알게 되면 통제할 수 있는 변수를 두드러지게 만들어 줄 수 있고, 이유는 "신호"로서의 역할을 보여 주므로 강화의 심도를 높여 줄 수 있다. 예를 들어, 회기 중에 때때로 거절당했다는 느낌을 받는 이유가 치료자의 세심한 정도의 기능 때문이고, 세심함의 정도는 치료시간에 자신이 얼마나 늦었는가와 관련이 있다는 것을 알게 된 여성 내담자를 고려해 보자. 결과적으로 내담자는 치료시간을 더 잘 지키게 되었고(그녀가 치료시간에 늦었을 때 치료자가 신경을 덜 쓴다는 것을 그녀가 알게 되었음), 그 후 치료자가 신경을 덜 쓸 때 느꼈던 혐오감이 줄어들었다.

치료자가 개발해야 할 언어적 목록에는 회기 중 사건을 인간관계 장면으로 연결하는 진술방법이며, 이는 $S^d \cdot R \rightarrow S^r$로 기호화될 수 있다. 이것은 조작적 행동을 설명하고 있으며, ① S^d는 '변별자극' 또는 강화의 역사에 따라 다양한 모습을 보이는 R의 발생에 영향을 미치는 '선행 상황'을 지칭하고, ② R은 '반응' 또는 S^d에 의해 영향을 받는 '조작적 행동'을 가리키고, ③ S^r은 '강화' 또는 환경에 대한 '반응의 영향력'을 말한다. 예를 들어, "치료적 관계에 대해 어떤 기분을 느끼는지 제가 물어봤을 때(S^d),

대답으로서 당신은 치료 목표에 대해 이야기했고(R), 그것은 당신도 알다시피 제가 관심을 가지고 있는 사안이었습니다. 저는 치료적 목표를 이야기해 줌으로써 당신의 회피행동을 보상해 주었습니다(S^r)."

내담자의 진술에 대해 기능적 관계, 학습된 역사, 행동이라는 용어들을 가지고 해석해 주는 것은 유용한 일반적 전략이 된다. 부적절한 동기, 낮은 자존감, 자아 강도의 결여, 성공에 대한 두려움과 같은 정신 내적이고 비행동적인 요소에 대해서는 덜 강조하면서, 대신에 행동주의적 해석과 강화의 역사를 강조하는 것이 내담자에게 유용한 이유는 치료적 개입으로 끌어올 수 있는 외현적 요소로 집중할 수 있기 때문이다.

25

기능분석치료에 있어서
논리적인 치료적 상호작용

기능분석치료의 다섯 가지 규칙은 유연하고 기능적으로 적용되기 때문에 기능분석치료의 적용은 각각의 내담자에게 매우 상이한 양상으로 보일 수 있다. 내담자별로 다르게 적용하는 까닭은 내담자들의 임상적으로 관련된 행동들이 다르고 그 행동들을 강화하는 것도 상당히 다를 수 있기 때문이다. 우리의 경험에 근거하면 기능분석치료의 일부 강력한 상호작용은 회기 내에서 논리적인 순서를 따른다는 점을 발견했다. 우리는 이제 기능분석치료의 이 강력한 회기 내 순서에 대한 저자들의 경험에서 비롯된 공통점을 기술하려고 한다. 12단계의 순서에서 중요한 점은 상호작용이 진행되면서 기능분석치료의 다섯 가지 규칙이 규칙 1부터 규칙5까지 순차적으로 제시된다는 점이다. 따라서 상호작용은 기능분석치료를 총체적으로 시연하는 것이다. 시시각각 이루어지는 치료자-내담자의 상호작용을 각각의 단계에서 구체적으로 살펴보게 되면 수련과 연구의 두 가지 목적 모두에서 도움이 될 수 있다.

상호작용은 강력하고 좋은 기능분석치료 관계가 이미 존재하고 있음을 가정한다. 치료자는 ① 내담자들을 형성시켜 온 강화 수반성에 깊이 있게 접촉하고, ② 상처와 상실과 관련된 내담자의 개인력에 대해 깊이 공감하며, ③ 이러한 개인력의 맥락 속에서 내담자의 임상적으로 관련된 행동1과 임상적으로 관련된 행동2를 인식한다(규칙1). 회기 중에 치료자는 공감하고 있음을 전달하는 눈 맞춤과 몸짓을 사용하면서 내담자와의 강력한 관계를 유지한다. 마지막으로, 수반되는 강화의 증진과 더불어 내담자가 공개하는 사실에 대해 그 당시뿐만 아니라 치료의 전반에 걸쳐서 치료자로서 타당화의 명백한 근거를 제공해 주어야 한다.

이러한 맥락에 따라 논리적인 상호작용을 지금 여기에서 제시하고자 한다. 이는 일상생활의 주제에 대한 치료자와 내담자 사이의 대화에서부터 시작된다.

1. 치료자에 의한 밖에서 안으로의 일치

치료자는 내담자 일상생활의 사건과 치료 관계에서 발생한 사건 사이에서 유사성을 확인하면서 밖에서 안으로의 일치를 제공하게 된다. "당신의 남편으로부터 자신을 방어하는 것에 대해 말씀하신 것처럼 치료자인 저를 대상으로도 자신을 방어해야 하겠다는 느낌이 드셨나요?"

2. 일치의 정확성에 대한 내담자의 승인

내담자는 일치의 정확성에 대해서 확인해 준다. "네." 물론 때때로 그 일치가 정확하지 않을 수 있지만 그래도 문제는 없다. 내담자 삶 속에 있는 모든 것이 기능분석치료 회기 안에서 일치를 보일 필요는 없다.

3. 치료자에 의한 '임상적으로 관련된 행동'의 촉발

일치가 승인되었다면 치료자는 그 행동에 대한 임상적으로 관련된 행동을 촉발시킨다(규칙2). "지금 이 순간 더 이상 숨지 말고 저에게 좀 더 실제적인 모습을 보여 주시면 어떨까요? 진심으로 보고 싶습니다."

4. 내담자에 의한 '임상적으로 관련된 행동1'의 표출

일반적으로 촉발된 최초의 행동은 내담자 자신의 임상적으로 관련된 행동1을 회피하려는 행동일 것이다. "잘 모르겠습니다. 정말 어렵네요." 물론 이상적인 것으로는 임상적으로 관련된 행동1은 거의 없고, 대신에 임상적으로 관련된 행동2가 촉발되는 것이다. 치료자로서 임상적으로 관련된 행동1을 결코 원하지 않겠지만, 치료자는 준비가 되어 있어야만 한다.

5. 임상적으로 관련된 행동1에 대한 치료자의 수반된 반응

치료자는 회피를 방지하고 촉발적인 질문을 다시 제시하면서 임상적으로 관련된 행동1에 대해 수반된 반응을 보인다(규칙3).

"저는 당신에게 이 과정이 얼마나 어려운지 잘 알고 있습니다. 아직도 저는 당신이 강한 사람이고, 지금 방어하는 모습을 잠시 내려놓을 수 있다고 믿습니다. 깊은 숨을 한 번 쉬고 다시 시도해 볼까요?"

기능분석치료의 논리적인 상호작용에서 4, 5단계는 일반적으로 수차례 반복된다. 내담자가 회피하면 치료자는 회피를 막고 임상적으로 관련된 행동2를 촉발시키기 위해 다시 시도한다. 내담자가 계속 회피하더라도 치료자는 공감을 유지하면서 부드럽게 회피를 방어하고 촉발을 시도하는 행위를 계속 수행한다. 필연적으로 "소거의 싸움"이 벌어진다. 내담자의 임상적으로 관련된 행동1에 해당하는 회피행동이 소거되느냐, 아니면 임상적으로 관련된 행동1을 방지하고 임상적으로 관련된 행동2를 촉발하려는 치료자의 시도가 소거될 것인가? 치료자로서는 이 기나긴 싸움이 진행되는 것에 대한 내담자의 인내력 수준을 가늠해야 한다. 왜냐하면 회기가 긍정적이고 건설적이기 위해서는 임상적으로 관련된 행동1이 아닌 임상적으로 관련된 행동2에 집중하고 내담자의 임상적으로 관련된 행동2로 볼 수 있는 작은 변화라도 알아차릴 수 있는 것이 중요하기 때문이다.

6. 내담자에 의한 '임상적으로 관련된 행동2' 표출

내담자가 임상적으로 관련된 행동2를 보여 준다. "좋아요, 그렇게 말씀해 주셔서 감사합니다. 여기에서 좀 더 솔직해지고 싶은 마음은 저도 간절해요. 그런데 진심을 표현하는 게 너무 어렵네요(울음)." 이와 같은 임상적으로 관련된 행동2가 발생하였을 때 기능분석치료의 핵심적인 순간이 발생한 셈이다.

7. 임상적으로 관련된 행동2에 대한 치료자의 수반된 반응

치료자는 자연스러운 강화를 이용하여 임상적으로 관련된 행동2에 수반된 반응을 제시한다(규칙3).

"좋습니다. 지금 당신의 마음이 느껴지네요. 제 마음을 당신에게 온전히 열 수 있게 되었고, 당신이 겪고 있는 것에 대해 충분히 공감할 수 있습니다. 당신이 눈물을 보였을 때 당신의 고통과 당신이 그간 겪어왔던 모든 것을 저도 통감할 수 있었습니다. 당신이 남들 앞에서 눈물을 보이는 것을 원하지 않음을 저도 알지만, 지금 당신이 눈물을 보여 준 것이 저로 하여금 당신에게 더욱 친밀해진 느낌을 줍니다. 그리고 저는 당신에게 상처를 주지 않을 겁니다."

기능분석치료 수련의 대부분은 치료자가 임상적으로 관련된 행동2에 대한 반응에서 진솔하고, 공감적이며, 깊이 있고, 즉각적으로 잘하도록 돕는 것이다. 각각의 기능분석치료자는 반응하는 데 있어서 개별적인 자신만의 방식을 가지고 있으며, 앞에서 기술한 반응을 "모범답안"이라 생각하고 모방해서는 안 된다. 우리가 생각하기에, 앞에서 기술한 반응이 풍부하고 길다는 점을 인식하는 것이 중요하다. 강화하는 반응이 매우 특징적이고, 분명해야 하며, 내담자에게 모호하지 않기를 바란다. 내담자가 임상적으로 관련된 행동2에 대해 치료자가 어떻게 느꼈는지를 분명하게 받아들이도록 하는 것이 중요하다.

8. 내담자가 보여 주는 더 많은 '임상적으로 관련된 행동2'

내담자는 더 많은 임상적으로 관련된 행동2를 표출한다. "당신이 그렇게 말했을 때 듣고 있기 어려웠지만, 왠지 당신을 신뢰합니다(더욱 많은 눈물을 보임)." 규칙3을 적용하려는 치료자의 시도에 내담자들이 더 많은 임상적으로 관련된 행동2를 보이는 것은, 규칙3이 효과적이라는 것을 확인해 준다고 볼 수 있다(규칙4). 기능분석치료에서는 7단계와 8단계의 순환이 반복해서 발생할 때 최적의 상호작용이 이루어진다. 치료자가 임상적으로 관련된 행동2를 강화하면 내담자는 더욱 많은 임상적으로 관련된 행동2를 보이고, 치료자가 새롭게 발행한 임상적으로 관련된 행동2를 강화하면 내담자는 계속해서 더욱 많은 임상적으로 관련된 행동2에 관여한다. 이러한 방식으로 임상적으로 관련된 행동2는 빠르고 강력하게 조성되며 공고해진다. 이러한 상호작용을 통해서 종종 내담자와 치료자 모두 취약함을 느끼는 특징을 보인다. 빠르게 친밀감이 증대되면서 내담자와 치료자 모두 불편한 감정을 느끼기 때문이다.

9. 치료자에 의한 규칙4 적용

치료자는 내담자에 대한 치료자 반응의 효과를 묻는다(규칙4).

"이 모든 것이 당신에게 어떠했나요?" 치료자는 이 단계에 급하게 진입해서는 안 된다. 사실 다음 번 회기에서 진행할 수도 있다. 임상적으로 관련된 행동2를 조성하는 7~8단계의 순환은 자연스럽게 종료되어야 하고 급하게 서둘러서는 안 된다는 것이 중요하다. 상호작용이 자연스럽게 종료되면, 남은 단계는 '과정' 및 '상호작용 일반화'에 해당된다.

10. 상호작용이 강화되고 있음에 대한 내담자의 확인

치료자에 의해 강화되고 있음을 내담자가 확인해 준다. "저는 안도감을 느낍니다, 좋습니다." 상호작용에서의 이러한 과정은 내담자에게 강화가 되고 있는지를 평가하는 데 도움이 된다. 그러나 기능분석치료에서의 강화는 내담자의 상태 보고에 따라 결정되는 것이 아니라 내담자의 행동이 증가되는가의 여부에 따라 결정됨을 명심해야 한다. 그러므로 규칙4는 주로 내담자의 행동에 대한 치료자 반응의 영향력을 반복적으로 측정하게 된다. 그럼에도 불구하고 이번 단계에서 상호작용의 영향력에 대해 즉각적인 피드백을 제공해 주는 것은 종종 치료자에게 도움을 준다.

11. 치료자에 의한 규칙5 적용

치료자는 상호작용과 관련된 기능적인 설명, 안에서 밖으로의 일치, 상호작용에 기반한 과제 등을 제공한다(규칙5).

"좋습니다. 제가 보기에 지금 막 당신이 위험을 감수하고 솔직해지기로 마음먹은 것으로 여겨집니다. 당신이 그렇게 한 것을 보고 제가 어떤 기분인지를 알려드렸고, 이는 당신의 마음을 더욱더 열 수 있게 만들었고, 그리고 이제 당신이 안도감을 느끼게 되었습니다[기능적인 해석]. 당신의 배우자에게 좀 더 자주 이렇게 할 수 있다면 어떤 일이 일어날지 저는 매우 궁금합니다[안에서 밖으로의 일치]. 당신의 배우자에게 그동안과 다르게 할 수 있는 일이 무엇인지 잠시 이야기를 나누어 볼까요[과제로 이끌기]?"

12. 과제 참여에 대한 내담자의 의지 표현

상호작용의 마지막 단계는 내담자의 일상생활에서 새로운 행동을 시도해 보겠다는 의지를 표현하는 것이다.

대체적으로 논리적인 상호작용은 세 가지 측면으로 구성된다. 첫째, 단계 1, 2, 3으로 묶을 수 있으며 임상적으로 관련된 행동들을 인식하고 그 행동들을 치료실로 가져오는 것이 중요하다. 둘째, 단계 4에서 8까지를 묶을 수 있고 임상적으로 관련된 행동 2를 조성하는 것이 중요하며, 이는 기능분석치료의 핵심이라고 할 수 있다. 마지막으로, 상호작용의 과정을 살피고 일반화하는 것으로 구성된다. 상호작용의 12단계가 모두 발생하였을 때 상호작용의 일부만 완료되는 경우보다 상호작용이 더욱 강력해지고 오래 지속될 수 있다. 이 가설을 탐색하는 것은 기능분석치료의 중요한 연구 방향이다.

26

다른 치료 기법에 대한 개방성

거의 예외 없이 이 책을 읽은 모든 치료자는 기능분석치료 이외의 다양한 치료적 접근법을 배울 수 있었다. 많은 치료자의 경우 한 가지 이상의 치료법에 대해 추종하고, 선호하며, 관련 기술을 보유하고 있다. 이 장에서 주목하는 질문은 "다른 치료법을 기반으로 수련하고 있는 치료자의 작업을 기능분석치료가 어떻게 향상시킬 수 있는가?"라는 것이다. 기능분석치료는 독립적인 치료방법으로 사용될 수도 있고, 다른 접근법을 향상시키려는 의도를 가진 부가된 치료법으로 사용될 수 있다(Kohlenberg & Tsai, 1991). 처음 설립 시부터 기능분석치료는 통합적인 치료법으로 알려져 있다(Kohlenberg & Tsai, 1994). 우리는 여기에서 부가적인 특징에 초점을 맞추어 살펴볼 것이다.

다른 치료법을 증진시키거나 또는 다른 치료법에 부가해서 기능분석치료를 사용하는 데에는 두 가지 원리가 관여한다. 첫 번째 원리에 따르면, 증진되고자 하는 접근법의 기법들, 방법들,

유형들, 지침들 그리고 목표들은 지속적으로 그대로 사용(최소한의 수정을 거쳐)될 수 있으며, 기능분석치료의 요소는 부가되면 된다. 기능분석치료의 요소를 부가(다음 인치치료의 예시처럼)하는 과정은 대안적 접근법으로 개발된 방법뿐만 아니라 치료자가 가지고 있는 기술까지 기반으로 해서 이루어지게 된다. 치료자가 현재 가지고 있는 치료적 목록에 통합되며 새로운 치료법을 위한 학습을 요구하지 않는다는 점에서 볼 때, 기능분석치료의 증진법은 사용자 중심의 의도를 지니고 있다.

두 번째 원리는, 기능분석치료 개념의 기저 부분에 해당하며, 내담자 향상에 대한 강화의 수반성(지금-여기, 즉 회기 안 내담자와 치료자 사이의 관계에서 발생함)은 의미 있는 심리치료적 변화를 만들어 내는 잠재적으로 강력한 기제라는 사실이다. 다른 말로 하면, 지금-여기에서의 개입을 가능한 많이 사용하는 것이 중요하다는 뜻이다. 그래서 기능분석치료의 개입은 치료자와의 관계에서 발생하는 실제 삶에서의 향상을 치료자가 인식하고(잘 알아차리고), 또한 발생 시점에서 이러한 향상된 부분들을 양육하고, 조성하고, 자연스럽게 강화시키는 데 주안점을 둔다. 이를 기능분석치료의 용어로 말하자면, 임상적으로 관련된 행동을 알아차리고(규칙1) 임상적으로 관련된 행동2를 강화시키는 것(규칙3)이다.

몇몇 독자에게는 첫 번째와 두 번째 원리가 서로 배치된다고 볼 수 있다. 이는 우리가 "내담자의 향상"이라고 의미한 것에 대한 오해로부터 기인할 수 있다. 향상이라는 것은 개별적으로 정의될 수 있지만, 내담자의 맥락, 과거사, 목적에 따른 치료 목표의 의미를 포괄할 수 있다. 예를 들어, 친밀한 관계 형성하기, 친한 관계 속에서 취약함 받아들이기, 왜곡된 사고(인지적 왜곡)를 더욱 정확하고 균형 있는 사고로 대체하기, 인지적 가설을 검증하기, 애착 유형을 변경하기, 숨겨진 감정에 접촉해서 표현하기, 초기 외상을 기억하기, 마음챙김하기, 유년기적 경험과 현재 행동 사이의 관계를 기술함으로써 자신의 문제를 설명해 보기, 감정보다는 가치에 따라 행동하기 등이 포함될 수 있다.

다음의 예제를 통해서 인지치료와 기능분석치료를 절충하는데 두 가지 원리가 어떻게 사용되는지를 보여 주고자 한다. 넓은의미에서 인지행동치료(CBT)라고도 불리는 인지치료는 다양한장애를 대상으로 광범위한 실증적 지지를 받는 치료법이다. 기능분석치료에 의한 증진 과정을 설명하면서 우리는 Beck과 그의 동료들(Beck et al., 1979)이 독창적으로 고안한 다소 복잡하지만 충실한 치료적 접근법의 한 측면에만 초점을 맞출 것이다.

인지적 가설에 따르면, 선행사건이 역기능적 인지를 촉발하고그것이 다시 감정적, 행동적으로 문제 있는 반응을 초래한다는개념이다. 치료는 이러한 역기능적 인지를 인식하고 더욱 합리적이고 정확한 인지로 수정하려는 시도를 포함한다. 이러한 목적을 달성하기 위해 시행하는 표준적인 인지행동치료의 치료적도구로서 내담자에게 매일 "사고 기록지"를 작성할 것을 부과한다. 사고 기록지는 일종의 일기 형태로서 "삶의 상황들" "인지 혹은 신념" "문제가 되는 감정적 반응 그리고/또는 행동들"의 발생등과 같은 항목을 기입하게 되어 있다. 사고 기록지는 치료 회기 동안 논의되며, 그 후 더욱 합리적이고 정확한 대안적인 인지들도 탐색된다.

또 다른 인지행동치료 방법은 내담자로 하여금 역기능적 가설의 정확성을 검증해 보도록 권고하는 것이다. 역기능적 가정이 현실에 의해 지지되는지를 알아보기 위해 회기 사이에 회피된 행동에 개입하도록 하여 가설 검증을 시도한다. 예를 들어, 사고 기록지를 살펴보았을 때 불만족을 표현하거나 자신이 원하는 것을 요구하면 끔찍한 일들이 일어날 것이라는 가정 때문에 우울을 경험하는 내담자의 사례를 살펴보자. 기능분석치료의 첫 번째 원리를 사용하면, 기능분석치료에 의한 증진 기법으로서 인지행동치료의 사고 기록지에 비교적 작은 추가 항목을 포함시켜서 "치료 회기 중에 치료자와의 관계에서도 이런 일이 발생하였나요?"라고 물을 수 있다. 이 항목의 추가로 인해, 문제가 되는 감정이나 역기능적 신념(임상적으로 관련된 행동1)이 바로 지금-여기에서 발생하였는지의 여부를 알아차리는 데(규칙1) 도움을 준다. 그리고 이것은 기능분석치료의 두 번째 원리와 일맥상통한다. 만일 역기능적 신념이 치료 회기 중에 발생하였다면, "끔찍한 일이 일어나는지" 여부를 검증하기 위해 내담자로 하여금 치료자에게 자신의 욕구나 불만을 표현하는 것(두 번째 원리)을 통해 가설의 정확성을 검증(첫 번째 원리에 상응함)하도록 요청할 수 있다. 실제로 역기능적 신념이 발생하였기 때문에 치료적 변화에 대한 강력하고도 즉각적인 강화(다음 주에 다시 만나서 이러한 변화를 그저 이야기만으로 다루는 것과 대조됨)를 통해 중요한 향상이 가능한 기회가 주어진 셈이다. 따라서 역기능적 신념이나 수정할 방법에 대해 그저 논의만하는 것과는 달리, 기능분석치료에 의한 증진법에서는 그들로 하여금 실제로 생생하게 실행할 수 있도록 도와준다. 인지행동치료 회기 중 치료자와 내담자의 상호작용에 초점을 맞춤으로써 얻는 특별하게 강력한 장점은 바로 여기에서 지금 인간관계와 관련된 역기능적 신념들을 인식하고, 도전하고, 수정할 수 있다는 것이다.

연구 자료들에 따르면, 다른 전문가들에 의해 인지행동치료의 충실성과 능숙함(질적인 수준)에 대한 평가를 거쳐서 절충하는 과정이 없더라도 기능분석치료의 기법들은 기존의 인지치료자들에 의해 실제로 적용할 수 있도록 학습될 수 있고 통합될 수 있다(Kohlenberg et al., 2002). 기능분석치료를 부가한 인지행동치료는 내담자의 대인관계 기능을 향상시키고 치료의 지속기간을 증진시킨다. 이들 치료자들에 의한 가장 강력한 치료 회기는 역기능적 신념을 바로 그 순간 인식하고 수정하는 것과 관련된 것들이었다(Kohlenberg et al., 2002).

인지행동치료 외의 치료법들과 기능분석치료의 통합과 관련된 것들로는 커플치료(Gurman, Waltz, & Follette, 2010), 정신역동치료(Rosenfarb, 2010), 마음챙김(Kohlenberg et al., 2009b), 모드 비활성화 치료(Apsche, Ward, & Evile, 2002; Houston, Apsche, & Bass, 2007), 집단치료(Hoekstra & Tsai, 2010) 등이 논의되어 왔다. 공통된 이론적 일관성을 고려해 본다면, 기능분석치료는 수용전념치료(Hayes et al., 1999), 행동활성화치료(Lejuez, Hopko,

Acierno, Daughters, & Pagoto, 2011; Martell et al., 2010), 변증법적
행동치료(Linehan, 1993) 등과 통합할 수 있는 가능성이 특별히
높다. 통합과 관련된 더욱 세부적인 논의에 대해서는 수용전념
치료의 경우 Kohlenberg와 Callaghan(2010), Luciano(1999)를 참
고하고, 행동활성화치료의 경우 Busch, Manos, Rusch, Bowe와
Kanter(2010b), Manos 등(2009)을 참고하고, 변증법적 행동치료
의 경우 Waltz, Landes와 Holman(2010)을 참고하라.

27

치료의 종결

치료의 종결은 내담자와 치료자 모두에게 쉽지 않은 과정이며, 특히 강력한 관계가 형성된 상황이라면 더욱 그러하다. 그러므로 치료의 종결 문제는 반드시 미리 제시되어야 한다. 그렇게 함으로써 치료자와 내담자 모두 치료의 종결을 논의할 몇 차례의 회기를 확보할 수 있다.

기능분석치료는 내담자별로 적용되는 개인 특유적인 치료방법이기 때문에 치료의 길이가 정해져 있지 않은 것처럼 종결 과정에 필요한 회기의 숫자 또한 정해져 있지 않다. 종결 시점은 치료의 길이에 따라 다양하다. 단기 또는 회기가 제한된 치료시, 내담자와 치료자는 치료 시작 단계에서부터 20회기 또는 수개월 정도로 구성될 것이라고 알고 있을 것이다. 장기 치료 시, 내담자와 치료자가 달성된 목표에 동의를 하거나 또는 충분한 진행이 이루어졌다고 동의를 하게 되면 종결이 이루어질 것으로 예측할 수 있다.

치료의 종결은 내담자에게 상실과 관계 정리를 위한 새로운 행동목록을 만들 수 있도록 돕는 기회이다. 외부 세계에서의 인간관계들은 종종 관계 정리가 순조롭게 이루어지지 않는다. 때로는 조화롭게, 때로는 분노로 가득차서 그리고 어떤 때에는 헤어지자는 인사 없이 조금씩 잊혀 간다. 진정으로 그 의미를 생각해 보고 충분히 느껴 볼 수 있는 기회로 여겨지는 헤어짐의 경우는 거의 없다(죽음이 임박해 왔고, 따라서 죽음에 대한 준비가 이루어지는 경우는 예외에 해당됨). 기능분석치료자들은 이처럼 의미 있는 헤어짐을 위해 많은 노력을 기울인다.

치료자는 다음과 같은 말로서 종결에 대한 대화를 시작할 수 있다.

"헤어짐과 상실은 삶 또는 관계에서의 한 부분이며, 치료와 치료적 관계는 우리가 서로에게 가져왔던 영향력을 받아들이는 과정을 통해서 중요한 관계를 사려 깊게 종결할 특별한 기회를 제공해 줍니다."

자세히 탐색되어야 할 질문의 예시는 다음과 같다.

"많은 내담자의 경우, 치료의 종결은 과거의 작별과 상실들에 대한 감정과 기억을 떠올리게 합니다. 종결을 한다는 것은 당신에게 보통 어떤 생각과 감정이 들게 하나요? 치료적 관계의 종결에 대해서 당신은 어떤 생각과 감정이 드나요?"

치료자가 내담자에 대해 잘 구성되고 수정을 거친 사례개념화를 한다고 가정하면, 치료자는 그 질문에 대한 내담자의 반응이 임상적으로 관련된 행동1인지 임상적으로 관련된 행동2인지 판별할 수 있고, 그 후 적절하게 반응할 수 있다.

기능분석치료자는 치료의 종결 편지를 작성하는 방법을 택할 수도 있다. 이러한 편지는 이별 과정의 중요한 요소가 될 수 있다. 그 편지에는 이루어 낸 성과, 내담자에 대한 치료자의 감사, 치료 기간 중 치료자를 감동시켰거나 또는 특별했던 상호작용, 치료자가 치료 과정에서 기억하거나 챙겨가야 할 것, 치료자로서 내담자가 챙겨가기를 바라는 것, 내담자를 위한 기원과 소망들 그리고 이별에 대한 조언 등이 포함될 수 있다. 이것들 모두 내담자와 치료자가 치료 종결에 대하여 이야기를 나눌 시점에서 반드시 논의해야 하는 사안들이다. 치료 종결 편지를 내담자에게 제공함으로써 치료로부터 챙겨가야 할 것을 생생하게 전달할 수 있고 성과와 치료적 관계에 대해 구체적으로 상기시켜 줄 수 있다.

기능분석치료의 마지막 국면은 치료적 이익을 굳게 만들고 치료적 관계에서 이루어졌던 긍정적 상호작용이 내담자의 외부 삶 속에 일반화되었음을 분명히 하는 시간이다. 이것을 통해 한 인간관계가 의미와 감정을 보유한 채 긍정적으로 마무리될 수 있음을 모델링할 수 있는 기회이다. 내담자들은 그들 스스로 특별한 존재가 될 수 있는 방식에 대해 명확히 이해해야 하며, 그들의 삶 속, 공동체 속 그리고 세상 속 관계에서 그들이 기여해야 하는 것에 대해 분명하게 알아야 한다.

28

슈퍼비전과 수련

경험은 쌓는 것만큼 교훈이 되는 것처럼 기능분석치료에서의 슈퍼비전과 수련은 기능분석치료를 수행함에 있어 치료자 스스로 발전하는 모습을 보이고, 10개의 핵심 능력을 정립할 것을 강조한다. ① 행동주의적 분석에 의거한 사례개념화하기, ② 외형적 모습에 근거한 것이 아니라 기능적인 분류로서 임상적으로 관련된 행동들을 이해하기, ③ 임상적으로 관련된 행동들을 잘 알아차리기, ④ 임상적으로 관련된 행동1에 대해서 효과적으로 반응하기, ⑤ 임상적으로 관련된 행동들을 촉발하기, ⑥ 임상적으로 관련된 행동2에 대해서 효과적으로 반응하기, ⑦ 자연스럽게 강화할 수 있는 행동목록으로서 따뜻함, 신뢰 구축, 위험 감수, 자기공개를 표현하기, ⑧ 강화의 영향력에 대해 알고 있음을 보여 주기, ⑨ T1(회기 내 치료자의 문제행동)과 T2(회기 내 치료자의 목표행동)에 대해 알고 있음을 보여 주기, ⑩ 기능적으로 분석된 해석을 제공하기와 일반화 전략 시행하기 등이 이에 해당된다.

이 장에서는 기능분석치료의 슈퍼비전과 수련 과정의 이해
를 돕는 개념적 틀을 설명하고자 한다(Callaghan, 2006b; Follette
& Callaghan, 1995; Kohlenberg & Tsai, 1991; Tsai, Callaghan,
Kohlenberg, Follette, & Darrow, 2009a).

다른 모든 이론적 접근법과 마찬가지로 기능분석치료에서의 슈
퍼비전과 수련의 첫 번째 목표는, 수련생의 지식 기반을 늘리고
중요하고 개념적인 임상적 사고 기술을 증진시키는 것이다. 이러
한 목표는 능숙한 수행, 구체적인 지침(읽어 볼 거리들도 포함됨),
목표 설정, 수행에 대한 피드백 등을 따라하면서 달성된다(Milne
& James, 2000). 기능분석치료에 대한 지식 기반은 치료 과정의 주
요한 특징을 묘사할 수 있는 언어적 행동목록들로 구성된다. 예
를 들어, ① 내담자의 어떤 행동이 임상적으로 관련된 행동1 또는
임상적으로 관련된 행동2가 될 수 있는지를 이해하기 위해서 사
례개념화를 발전시키기, ② 임상적으로 관련된 행동2를 촉발하고
자연스럽게 강화시키기, ③ 치료와 슈퍼비전 중에 발생하는 T1(회
기 내 치료자의 문제행동)과 T2(회기 내 치료자의 목표행동)에 대한
기능적 분석을 수행하기 등이 그 주요한 특징에 해당된다.

기능분석치료에서의 슈퍼비전과 수련의 두 번째 목표는, 임상
적으로 관련된 행동들을 인식하고 촉발하고 강화하는 것과 관련
된 치료자 행동의 효율성을 직접적으로 조성하고 증진하는 것이
다. 이러한 치료자의 행동들은 수반적인 양상을 보이는데, 기능
분석치료의 지식 기반에서 보이는 향상과 달리 수반적인 양상을
보이는 '행동의 향상'은 알아차리기 어렵다. 이러한 종류의 지식

은 "심오한" "정서적인" "직관적인"이라는 일상적인 단어로 기술
된다(Skinner, 1974).

  기능분석치료의 슈퍼비전에서 치료자의 행동은 수련감독자와
의 강렬한 인간관계에 직접적으로 노출됨으로써 학습되는데, 그
관계 안에서 중요한 행동이 표출되고 인식될 수 있다. Safran과
Muran(2001)에 따르면, 슈퍼비전 내에서의 모든 상호작용이 관계
적 맥락에서 발생한다는 점은 치료 장면과 비슷하다고 제안했다.
그들은 개념적 수준에서의 주요한 학습만으로는 불충분하기 때문
에 슈퍼비전에는 반드시 실제적인 경험의 기회가 포함되어야 한다
고 주장하였다. 슈퍼비전에서의 지적인 배움과 정서적인 배움의
차이점이 한 수련생에 의해서 알기 쉽게 다음과 같이 기술되었다.

"다른 많은 수련감독자는 내담자들에게 정서적으로 함께하라고 내
게 가르쳤다. 그러나 나는 그렇게 되기 위해서는 가슴으로부터 먼저
그러해야 한다는 것을 알았다. 이 일을 수행하기 위해서는 슈퍼비전
에서 듣는 것보다, 논문에서 읽는 것보다, 비디오를 통해서 시청하
는 것보다 더한 무언가가 필요했다. 나는 슈퍼비전이 진행되는 관계
에서 생생하게 스스로 경험해 볼 필요가 있었다. 나에게 있어서 그
일은 기능분석치료에서의 핵심이었고, 나와 나의 치료적 작업을 변
화시킨 기능분석치료 슈퍼비전의 정수였다."

  다음에 기술한 슈퍼비전 방법은 수련감독자로서 수련생과 강
력한 관계를 구축할 수 있는 다양한 방법을 설명하고 있다. 이러

한 관계는 수련생으로 하여금 더욱 효율적인 기능분석치료자로 성장할 수 있는 개인적인 커다란 깨달음을 경험할 수 있게 하는 풍부한 시간을 만들려는 목표를 가지고 있다.

슈퍼비전을 위한 '신성한' 공간 만들기

기능분석치료자가 그들의 내담자들을 위해서 신성한 치료 공간을 만드는 것처럼 기능분석치료 수련감독자는 그들의 수련생들을 위해 유사한 신성한 공간을 마련한다. 15장에서 기술한 것처럼 "신성한" 장소란 누군가를 위해서 또는 특별한 목적을 위해서 전용으로 사용되는 곳으로서 허가를 받은 덕택에 공격으로부터 보호되는 곳이다. 이러한 방식으로 명명을 하든 아니든 간에 중요한 것은 기능분석치료 수련감독자는 수련생들이 기능분석치료를 수행하는 방법을 배울 때 안정감을 느끼고 진심으로 돌봄을 받는다고 느낄 수 있는 환경을 구축해 주어야 한다는 것이다. 치료 장면에서도 그러하듯이 진솔한 관계를 확립하고 슈퍼비전에 대한 근거를 명백하게 제시하고 슈퍼비전 동안 긍정적 강화를 극대화해 줄 때 이러한 공간이 만들어질 수 있다. 기능적으로 볼 때, 슈퍼비전 공간을 더욱 신성하고 보다 긍정적으로 강화해 줄수록 수련생은 더욱 위험을 감수해서 시도하게 되며, 내담자를 도울 수 있는 주요한 행동목록에서 성장을 보일 것이다.

적절한 시기에 생생한 작업에 집중하기

기능분석치료의 슈퍼비전에서 중요한 것은 치료자로서 수련생의 성장과 관련 있는 생생한 작업에 중점을 두어야 한다는 점이다. 이러한 작업은 수련감독자와 수련생 사이의 진정한 관계와 신성한 공간이라는 맥락 아래에서 수련생의 목표행동에 대한 자연스럽게 수반된 강화를 통해서 완수된다.

수련감독자는 수련생의 핵심적인 목표행동들을 촉발하고 자연스럽게 강화할 수 있다. 목표행동은 기능분석치료에도 그대로 적용되는 행동으로서, 예를 들어 잘 알아차리기, 대담해지기, 치료적으로 사랑하기 등이 해당된다. 기능분석치료의 수련감독자와 수련생은 수련생의 T1(회기 내 치료자의 문제행동)과 T2(회기 내 치료자의 목표행동)가 어떤 것인지를 함께 결정해야 하며, 슈퍼비전에서 그것들이 발생할 때 수련감독자는 그것들에 민감해야 한다. 슈퍼비전은 치료 과정이 아니기 때문에 수련감독자는 자신의 T1과 T2를 자기공개할 때 내담자와 함께할 때에 비해 더욱 상세하게 수련생에게 공개할 수도 있으며, 또한 수련감독자의 성과를 명백히 강화해 주는 수련생에게 열린 마음을 가질 수 있다. 슈퍼비전에서의 전형적인 목표는 회피를 줄이고 대담성을 키우는 것을 포함한다. 회피를 줄이는 것에는 위험을 감수하기, 감정을 느끼고 표현하기(예를 들어, 염려, 슬픔, 분노), 취약함을 인정하기, 힘든 사람에게 힘들어하는 일을 요청하기, 자신의 두려움에 맞서 보고 타인에게도 똑같이 해 볼 것을 요청하기, 두드러짐, 비판과 갈등 및 의견 불일치를 흔쾌히 받아들이기 등이 포함된다.

수련생의 T1(회기 내 치료자의 문제행동)과 T2(회기 내 치료자의 목표행동)에 반응하면서 기능분석치료의 수련감독자는 또한 기능분석치료의 규칙들(임상적으로 관련된 행동들을 알아차리기, 임상적으로 관련된 행동들을 촉발하기, 임상적으로 관련된 행동2를 자연스럽게 강화하기, 자신의 영향력을 인식하기, 기능적으로 분석한 해석을 제공하기)을 이행하는 과정에 대해 수련생에게 모델링을 제공할 수 있다. 예를 들어, 치료적인 애정을 갖는 것은 규칙3의 중요한 측면이며, 자연스럽게 강화시키는 것과 수련생의 향상과 성공에 의해 자연스럽게 강화를 받는 것은 동등한 효과를 갖는다. 치료적인 애정을 갖는 행동은 수련감독자들도 맥락에 맞게 모델링할 수 있는 광범위한 치료적 행동들 가운데 하나이며, 이러한 수련 과정은 수련생의 치료 작업에 영향을 줄 가능성이 높을 것이다. 수련감독자가 치료적인 애정을 보여 줄 때 슈퍼비전 관계는 친밀해지고 풍부해질 수 있으며, 그리고 이러한 과정에서의 수련생 경험은 내담자와의 작업에 개입하는 데 도움을 줄 것이다.

  따라서 기능분석치료의 수련감독자는 수련생에 대한 생각과 감정을 묘사하는 데 있어 진술해야 하고, 수련생이 가진 최고의 장점을 확인하고, 촉발하고, 평가하고, 강화시켜야 한다. 예를 들어, "당신은 나의 최고의 모습을 반영해 주고 있어요. 그리고 당신은 내가 이룰 수 있는 최고의 모습을 갖게 될 것입니다."라며 촉발해 줄 수 있다. 기능분석치료와 유사하게, 기능분석치료 슈퍼비전의 강도는 수련생의 욕구와 행동목록 수준에 따라 다양한 모습을 보일 것이며, 수련생의 진전된 모습은 시간이 경과함에 따라 조성될 것이다.

29

윤리적 문제와 주의사항

기능분석치료는 깊이 있고 진심 어린 치료적 경험을 만들려고 노력한다. 기능분석치료자가 치료 작업에서 보여 주는 사려 깊음, 보살핌, 신중함의 수준도 깊이 있고 진심 어린 수준이어야 한다. APA 윤리 지침(심리학자의 윤리적 원칙 및 행동 강령, 2010 수정본)처럼 치료자들을 안내해 주기 위해 개발된 일반적인 윤리 강령은 기능분석치료에도 적절하며 적용 가능하다. 기능분석치료의 구체적인 특징을 살펴보면 이러한 지침의 일부를 더욱 특별하게 여길 수 있다. 다음 부분에서는 윤리적으로 염려될 수 있는 내용을 살펴보고, 그 내용이 기능분석치료와 어떻게 관련되는지에 대해 살펴보고자 한다.

내담자를 착취하지 말 것

치료적 관계는 동등한 권력을 가진 관계가 아니기 때문에 "지금 현재 시점과 치료의 최종 시점에서 내담자에게 가장 도움이

될 수 있는 것은 무엇인가?"라는 질문을 항상 염두에 두는 것이
중요하다. 치료의 중심부에 이 질문을 되새김으로써 내담자에
게 해를 입힐 수 있는 다수의 상황에서 내담자를 착취하거나 해
를 입힐 가능성을 최소화할 수 있다. 내담자에게 해를 입힐 수
있는 다수의 상황에는 비정상적으로 치료자에게 의존하는 상황,
육체적 관계가 개입된 상황, 혹은 치료라기보다는 친구관계처럼
서로에게 이득이 되어 끝없이 계속되는 치료적 상황 등이 포함
된다.

기능분석치료에서는 강렬하고 감정적으로 친밀한 관계가 흔
히 존재할 수 있기에 성적인 매력이 발전될 가능성이 높을 수 있
다. 따라서 기능분석치료자들은 반드시 이와 관련된 최적의 경
계선을 설정하고 있어야 한다. 성적 평등 윤리강령(1999)에 기술
되어 있는 것처럼 치료자들은 내담자들을 외현적 방식의 성적
착취를 금하는 것은 물론이고, 성적 착취의 보다 미묘한 형태에
대해서도 잘 알고 있어야 한다. 예를 들어, 내담자 스스로에게
해가 될 수 있는 방식으로 성적인 행동을 사용해서 타인으로부
터 인정을 받으려고 하는 임상적으로 관련된 행동1을 지닌 내담
자의 경우, 기능분석치료자로서 이러한 행동을 잘 알아차릴 수
있어야 하고 그러한 행동을 강화해 주어서는 안 된다.

치료자의 문화적 편견에 대해 자각할 것
우리가 살아왔던 문화적 맥락에 의해 형성되어 왔다는 점을
고려할 때, 기능분석치료자는 문화적 가치에만 전적으로 의존해

서 내담자의 임상적으로 관련된 행동1과 임상적으로 관련된 행
동2를 규정해서는 안 된다(Vandenberghe et al., 2010). 치료자가
자신의 문화적 편견을 자각하지 못한다면 부지불식간에 내담자
의 임상적으로 관련된 행동1을 강화시키거나 임상적으로 관련
된 행동2를 처벌하는 경우가 생길 수 있다. 예를 들어, 한 치료자
가 남성에 대해 과도한 인내심을 은연중에 기대하고 있다면 정
서적 표현이 '임상적으로 관련된 행동2'에 해당하는 남성 내담자
임에도 불구하고 그 남성 내담자의 정서적 표현을 미묘하게 처
벌할 수 있다.

   문화의 중요성을 인식하는 것은 아무리 강조해도 지나치지 않
다. 기능분석치료의 관점에서 볼 때 우리는 결국 환경의 산물이
고 문화는 우리 환경의 핵심적인 요소이다. 따라서 기능분석치
료자들은 진심으로 내담자의 문화(하위문화 포함)에 익숙해져야
하고, 내담자의 문화에 대한 지식이 필요한 경우 슈퍼비전을 받
아야 한다. 강화하는 방법이나 처벌하는 방법은 문화에 따라 다
양할 수 있으며, 임상적으로 관련된 행동들의 속성과 그 행동들
을 자연스럽게 강화하는 방법에 있어서 기능분석치료자는 그 문
화적 차이를 평가하는 데 숙련되어야 한다. 또한 기능분석치료
자로서 언어가 문화의 주요한 전달 수단이라는 사실을 잘 알고
있어야 하며, 따라서 그들의 언어에 잘 적응해야 한다. 이 책에
서 우리가 언급해 왔던 "치료적인 사랑"이라는 문구의 사용을 예
로 들어 보자. 저자의 주류 문화에서 "치료적인 사랑"이라는 문
구의 사용은 다소 도전적이며 위험성이 따르기는 하지만 절대로

비윤리적이거나 성적인 의미가 아니다. 그렇지만 몇몇 문화권에
서 '사랑'이라는 단어의 사용은 맥락상 성적인 관계를 나타내거
나 부적절한 경우가 될 수 있다.

내담자에 대해 철저히 이해할 것

기능분석치료자는 위험을 감수하고, 임상적으로 관련된 행동
들을 촉발하고, 강력한 치료적 관계를 형성한다. 이러한 모든 경
험은 내담자에게 도움이 될 가능성을 갖지만, 한편으로는 스트
레스가 되거나 도전적이며 심지어 해로울 수도 있다. 따라서 치
료자는 신중하게 진행해야 하며 행동 조성의 원리를 조심스럽
게 사용해야만 한다. 이를 위해서는 치료자가 내담자에 대해서
잘 알고 있어야 한다. 치료자의 어떤 행동이 내담자로 하여금 준
비된 수준에서 성장과 변화를 도모하는지 알고 있어야 하고, 치
료자의 어떤 행동이 내담자로 하여금 약속 불이행, 과도한 고통,
혹은 치료의 중단으로 이어질 만큼 압도적이거나 당혹스러운 행
동인지 알고 있어야 한다. 기능분석치료자는 치료의 기본 속성
에 대해 내담자에게 조심스럽게 알려 주어야 하고(16장 기능분석
치료의 치료적 근거 부분 참조), 내담자가 감내할 수 있는 수준 안
에서 회기의 중심부로 점진적으로 이끌도록 해야 한다.

내담자에게 도움이 되는 강화물에 영향받을 것

기능분석치료의 관점에서 내담자에게 도움이 되지 않는 강화
물에 영향을 받는 치료자는 윤리적 위반의 주요 대상이 된다. 치

료자는 내담자로부터의 빈번한 감사 표현과 칭찬으로 강화받을 수 있는데, 이러한 내담자의 행동이 임상적으로 관련된 행동1인 경우가 있을 수 있다. 만일 치료자가 이러한 과정을 인식하지 못한다면 치료자는 내담자의 문제행동을 오히려 강화시키고 유지시키는 방식으로 반응을 보일 수 있다. 따라서 치료자는 내담자에게 오히려 해가 되는 강화물에 스스로 취약함을 가지고 있는 영역이 어디인지를 파악하는 것이 매우 중요하다. 그러한 경우, 기능분석치료에서는 치료자로 하여금 슈퍼비전이나 조언을 받아 볼 것을 권유한다.

스스로에 대한 자각을 증진시킬 것

기능분석치료는 치료자들로 하여금 위험요소를 감행할 것을 독려한다. 그러나 이러한 위험요소들은 명확함과 자기자각의 맥락 아래에서만 이루어진다. 효율적인 기능분석치료자의 경우, 스스로에 대한 자기자각, 자신의 동기나 강화를 받는 요인 탐색에 대한 개방성, 자신의 T1(회기 내 치료자의 문제행동)에 대해 방어하지 않고 지각하며 반응하는 능력 등에 있어서 반드시 높은 수준을 유지해야 한다. 모든 치료자에게 이러한 종류의 자기자각이 중요함에도 불구하고 기능분석치료자는 위험을 감수하고 임상적으로 관련된 행동들을 촉발하도록 요구받기 때문에 특히 기능분석치료에서 자기자각이 더 중요하다고 여겨진다. 예를 들어, 외로움을 느끼고 개인적인 관계에서 친밀한 관계가 부족한 치료자의 경우, 친밀감의 주요 원천으로서 치료적 관계에 과하게 의존하거나 친밀감을 증진시키고 정당화하는 수단으로서 기능분석치료에 더 매력을 느낄 수 있다. 이 치료자는 기능분석치료의 규칙이라는 미명 아래 내담자에게 적절한 수준보다 더 많은 친밀감을 요구할 것이다. 이러한 경우의 기능분석치료자들은 현재 진행 중인 그들 스스로의 반응들과 T1(회기 내 치료자의 문제행동)을 점검해 보는 것이 중요하다. 다시 한번 말하지만, 이러한 점검 과정 중에 조언을 의뢰하는 것이나 슈퍼비전을 받는 것은 중요한 부분이 된다.

치료자의 행동목록 내에서 내담자의 목표행동을 설정할 것

많은 내담자가 보살핌과 도움을 받는 것을 어려워하고, 나약한 모습을 보이는 것이나 마음을 열고 타인과 친해지는 것에 문제를 갖고 있다. 이러한 내담자의 경우 기능분석치료자는 치료자와 새롭고 더욱 친밀하게 관계를 맺을 기회가 주어지는 맥락을 만들어 줄 필요가 있다. 친밀해지는 것이 불편하고 이러한 문제를 다루지 못한 치료자는 내담자와의 연결감이나 친밀감을 충분히 촉발하는 행동을 수행할 가능성이 높아 보이지 않는다. 그 내담자는 친밀한 관계와 관련된 핵심적인 사안들을 작업해 볼 기회가 주어지지 않거나 혹은 이 영역과 관련된 임상적으로 관련된 행동2가 강화되지 않을 수 있다. 이와 유사하게 친밀감, 가까워짐, 취약해지는 것에 대해 불편해하는 치료자라면 관계를 강화하려는 내담자의 요청, 치료자에 대한 사적인 질문, 또는 치료자에 대한 신뢰감의 표현에 대해 관계에서의 의존성이나 결핍 등의 의미에 해당하는 임상적으로 관련된 행동1로 해석해 버릴 가능성이 있다. 몇몇 내담자에게 이런 해석이 옳을 수도 있지만, 만일 치료자 자신의 T1(회기 내 치료자의 문제행동) 때문에 실제로 내담자가 그렇지 않음에도 내담자의 행동이 임상적으로 관련된 행동1을 반영하고 있다는 잘못된 해석으로 이끈다면 분명히 문제의 소지가 있다.

반대로, 헤어짐과 고독감을 견디는 데 어려움을 보이거나 독립적으로 행동하는 데 문제를 보이는 내담자의 경우, 그러한 행동을 촉발하고 조성하는 데 도움을 줄 치료자를 필요로 한다. 그런데 관계에 있어서 거리를 두고 자율성을 갖고 떨어져 있는 것에 어려움을 겪는 치료자라면 부지불식간에 내담자의 임상적으로 관련된 행동1을 강화시킬 수도 있다. 치료자는 이러한 행동이 임상적으로 관련된 행동1이라는 것을 인식하지 못하고 임상적으로 관련된 행동2가 발생할 기회를 만들어 주지 못할 수 있다.

가까워짐과 독립성 모두를 포함하는 이러한 관계적 능력은 기능분석치료자로서 내담자로 하여금 비슷한 행동을 발전시키는 것을 돕기 위해 이상적으로 강화해야 하는 다양한 행동의 예시 중에 한 종류이다. 고소공포증을 지닌 치료자가 고소공포증 환자의 실제 노출 치료를 수행함에 있어서 제한을 겪듯이, 기능분석치료자의 경우도 내담자의 개발을 돕는 행동에 스스로 관여할 수 있는 경우라면 더욱 효율적인 치료자가 될 수 있다. 기능분석치료자들은 자신의 개인력, 행동적 목록들, 현재 삶의 제한점들을 숙고함으로써 치료자로서 효과적으로 도울 수 있는 내담자의 문제 유형을 신중하게 평가해야만 한다. 치료자들은 심리치료나 슈퍼비전 및 조언을 의뢰하는 과정 속에서 자신의 한계 영역을 다룰 수 있기를 강력히 권고한다.

도움이 되지 않는 치료를 지속하지 말 것

기능분석치료를 활용하는 치료적 개입방법이 모든 내담자를 도울 수는 없다. 연구 결과 또한 치료자와 내담자를 잘 연결하는 것의 중요성을 분명하게 지지해 준다. 작업이 원활하지 못한 치료를 진행하는 것은 흔히 치료자에게 감정적으로 촉발적일 수 있으며, 내담자를 비난하거나 직간접적으로 내담자에 대해 거리를 두거나 거부할 수 있으며, 지나치게 미안해하거나 스스로 비판적일 수 있고, 혹은 치료적 진전이 없음을 인정하지 않고 고집스레 치료를 계속하는 등의 문제적 행동에 이를 수 있다. 때때로 내담자 스스로 치료를 지속하지 않기로 결정하는 것은 매우 중요한 임상적으로 관련된 행동2를 의미할 수 있으며, 기능분석치료자는 이러한 경우 반드시 그 행동을 강화해 주어야 한다.

30

기능분석치료의 장래성

　기능분석치료는 치료적 애정과 관계적 연결에 의해 변화시키
는 힘과 관련된다. 기능분석치료자들은 기능분석치료 규칙의 핵
심에 해당하는 잘 알아차림, 대담성, 애정, 행동주의를 사용하여
그들의 내담자에게 무엇이 중요하고 소중한지를 알려 주기 위해
강력하고 잊혀지지 않는 관계를 새롭게 형성하는 것에 집중한
다. 위험을 감수하고 진실에 대해 공감적으로 전달하는 모습을
보여 주었듯이 우리는 내담자들로 하여금 취약함을 흔쾌히 인정
하고 좀 더 진솔해지고 최고의 자신의 모습을 이끌어 낼 수 있도
록 촉발시킨다.

　내담자의 취약성과 진솔성이 가진 힘의 중요성은 Brene
Brown의 연구에 의해 확증되었으며, Brene Brown은 인간관
계 그리고 공감하고, 관계하고, 사랑하는 우리의 능력에 대해
연구한 실력 있는 연구자이다. TED(Technology, Entertainment,
Design)에서 강의한 '취약함의 힘'(Brown, 2010)이라는 주제 속에

서 그녀는 자신이 사는 방식, 애정을 갖는 방식, 일하는 방식에
서 변화를 불러일으킨 단 하나에 대해서 그녀의 연구와 관련한
깊은 통찰을 공유하였다.

Brown은 수많은 사람과 인터뷰를 하고 그들을 두 부류로 구
분하였는데, 연결감, 가치감, 애정, 소속감을 가지고 있는 사람
들과 그러한 감정으로부터 어려움을 겪은 사람들로 구분하였다.
그들을 나누었던 하나의 변수는 연결감을 가지고 있는 사람들
이 공통적으로 가지고 있던 것으로서, 자신이 어떤 사람인지 모
든 이야기를 해 줄 수 있는 용기였다. 그들이 공통적으로 가지고
있던 또 하나는, 비록 불편하게 느껴지더라도 필요하다면 그 취
약성을 전적으로 수용하고 있다는 점이었다. 그 사람들은 "사랑
해."라는 말을 기꺼이 먼저 할 수 있고, 확신 없이도 기꺼이 무엇
인가를 행할 수 있고, 잘 될지 안 될지 모르지만 관계에 투자할
의지를 지니고 있었다.

따라서 그녀의 연구에 따르면, 연결감, 가치감, 기쁨, 생동감,
소속감, 애정을 위한 우리의 분투 과정에서 핵심 부분에는 취약
성이 존재한다는 것이다. 그녀는 다음과 같이 언급하였다.

우리가 누군가와 연결되기 위해서는 우리 스스로를 드러내고 취약
한 상태가 되어야 합니다. ……우리의 삶은 우리가 누구인지, 우리
가 믿는 것은 무엇인지, 우리가 어디에서 왔는지, 우리가 어떻게 고
난을 극복하고, 얼마나 성장하였는지에 대한 이야기와 사실의 집합
체입니다. 사람들이 우리를 어떻게 생각하고, 우리의 이야기를 어떻

게 담아두고 있는가에 대해 자유롭게 되면, 우리는 지금 이 자체로 서 충분하고, 우리는 사랑하고 관계를 맺을 충분한 가치를 지닌 존 재라는 느낌에 다다를 수 있게 됩니다.

(Brown, 연대 미상)

기능분석치료는 내담자로 하여금 연결감을 갖는 능력과 애정 을 주고받는 능력을 증진시켜 줄 뿐만 아니라 몇몇 기능분석치 료자의 경우 생태학적, 환경학적, 사회 정의, 비폭력 등의 목표 달성에 상당한 중요성을 두고 사회적인 이념의 확립을 진행하고 있거나 개인적 능력과 열정을 활용해서 세상에 기여할 수 있도 록 노력하고 있다. 최근 몇 년간 국제적 문제가 심화됨에 따라, 우리는 "환경적" 기능분석치료라고 일컫는 변형된 기능분석치료 의 한 종류를 제안해 왔다. 이 명칭은 개별 치료자에 의한 치료 가치를 "환경적" 운동의 이상(Green Politics, 연대 미상)과 함께할 것을 권고하는 입장에서 이름 지어졌다. 환경적 기능분석치료는 좀 더 커다란 문화적 사안에 대한 관심을 가지고 가능한 부분에 서 함께할 것을 제안하고 있다. ① 세상의 모든 삶이 소중할 것 에 대한 권리, ② 지금까지 경험해 보지 못한 방식으로의 사랑, ③ 우리의 열정과 재능을 개인적, 상호적, 총체적 변화로 연결함 (Tsai, Kohlenberg, Bolling, & Terry, 2009b)으로써 개인적 수준의 관점을 최상위 수준으로 끌어올리는 것 등을 제안하고 있다.

이러한 염원이 우리를 사명으로 이끌어 주는 반면, 기능분석 치료는 과학자의 방식과 마찬가지로 연구 결과에 충실할 것을 요구하고 있다. 따라서 연구 결과를 통해서 다른 방향으로의 전환이 필요하다면 그렇게 따를 의향이 충분하다. 기능분석치료에 대한 연구는 아직 초창기이지만 현재의 연구 결과는 사실상 지지적인 방향이다(Baruch et al., 2009b).

예를 들어, 성공적인 기능분석치료와 성공적이지 못한 기능분석치료의 사례들을 바탕으로 각각의 상호작용에 대한 세부과정 분석을 통해 기능분석치료의 정확한 기제와 상호작용의 영향력을 극대화하는 방안에 대해서 밝혀내기 시작했다(Busch, Callaghan, Kanter, Baruch, & Weeks, 2010a; Busch et al., 2009). 최근 연구를 통해서 살펴볼 때 성공적이지 못한 기능분석치료는 임상적으로 관련된 행동1로 회기가 끝나는 반면, 성공적인 기능분석치료는 임상적으로 관련된 행동2의 강화 이후에 기능분석치료 회기를 끝내는 것이 매우 중요하다고 제안하고 있다(Kanter, 2010). 또한 이들 연구 결과에 따르면, 기능분석치료자가 임상적으로 관련된 행동2를 성공적으로 촉발할 수 없어서 기능분석치료 회기를 임상적으로 관련된 행동1에 초점을 맞추어 진행한다면 치료 중단의 가능성이 높다고 주장한다. 따라서 기능분석치료의 회기는 긍정적이어야 하고, 문제행동을 처벌하는 것보다는 개선된 행동을 조성하는 데 집중해야 한다는 사실을 기능분석치료자로서 자료에 근거하여 분명히 이해해야 한다.

임상가들에게 분명하게 정보를 제공하는 이러한 연구는 기능분석치료의 장래성에 대해서 과학적인 관점에서 이야기해 준다. 기능분석치료는 임상가와 연구자 모두로 하여금 내담자-치료자 사이의 순간순간 상호작용에 집중하도록 하는 행동분석 과학체계에 근거를 두고 있기 때문에 기능분석치료의 기제에 대한 연구는 임상 실습과 직접적인 관련이 있다. 따라서 임상가는 깊고, 의미 있고, 변화를 줄 수 있는 관계(내담자에게 실제로 중요한 관계)를 형성하는 데 중점을 둘 것이며, 자신의 수행이 사실상 과학에 의해 안내되고 연구에 의해 지지된다는 자신감을 가지고 작업을 진행할 것이다. 말하자면 기능분석치료는 과학자-치료자 모형의 전형을 제시한다. 기능분석치료의 미래가 후속 세대의 임상가들과 연구자들에 의해 심층적으로 탐구되고 양성되기를 희망한다.

참고문헌

Addis, M. E., & Jacobson, N. S. (2000). A closer look at the treatment rationale and homework compliance in cognitive-behavioral therapy for depression. *Cognitive Therapy and Research, 24*(3), 313-326.

American Psychiatric Association (2000). *Diagnostic and statistical manual of mental disorders: DSM-IV-TR*. Washington, DC: American Psychiatric Association.

Apsche, J. A., Ward, S. R., & Evile, M. M. (2002). Mode deactivation: A functionally based treatment, theoretical constructs. *Behavior Analyst Today, 3*(4).

Barrett, M. D., & Berman, J. S. (2001). Is psychotherapy more effective when therapists disclose information about themselves? *Journal of Consulting and Clinical Psychology, 69*, 597-603.

Baruch, D. E., Kanter, J. W., Busch, A. B., & Juskiewicz, K. (2009a). Enhancing the therapy relationship in acceptance and commitment therapy for psychotic symptoms. *Clinical Case Studies, 8*, 241-257.

Baruch, D. E., Kanter, J. W., Busch, A. M., Plummer, M. D., Tsai, M., Rusch, L. C., et al. (2009b). Lines of evidence in support of FAP. In M. Tsai, R. J. Kohlenberg, J. W. Kanter, B. Kohlenberg, W. C. Follette, & G. M. Callaghan (Eds.), *A guide to functional analytic psychotherapy: Awareness, courage, love and behaviorism* (pp. 21-36). New York: Springer.

Beck, A. T., Rush, A. J., Shaw, B. F., & Emery, G. (1979). *The cognitive therapy of depression*. New York: Guilford Press.

Behavior Analysis Association of Michigan (retrieved March 15, 2011). *Behaviorism deathwatch: A collection of premature obituaries and other naive comments on the status of behaviorism*. Retrieved from http://www.baam.emich.edu/baammiscpages/baamdeathwatch. htm

Bolling, M. Y., Terry, C. M., & Kohlenberg, R. J. (2006). Behavioral theories. In J. C. Thomas, D. L. Segal, (vol. Eds.), M. Herson, J. C. Thomas (eds. in chief), *Comprehensive handbook of personality and psychopathology, volume 1: Personality and everyday functioning* (pp. 142-157). Hoboken, NJ: John Wiley.

Boring, E. G., Bridgman, P. W., Feigl, H., Pratt, C. C., & Skinner, B. F. (1945). Rejoinders and second thoughts. *Psychological Review*, 52(5), 278-294. doi:10.1037/h0063275

Bowlby, J. (1969). *Attachment and loss*. New York: Basic Books.

Brown, B. (2010). *The power of vulnerability*. Retrieved March 15, 2011, from http://www.ted.com/talks/brene_brown_on_vulnerability. html

Brown, B. (n.d.). Retrieved March 15, 2011, from http://www. ordinarycourage.com/

Buber, M. (n.d.). *Martin Buber quotes*. Retrieved February 14, 2008, from thinkexist.com/quotes/martin_buber/

Burman, B., & Margolin, G. (1992). Analysis of the association between marital relationships and health problems: An interactional perspective. *Psychological Bulletin*, *112*(1), 39-63.

Busch, A. M., Callaghan, G. C., Kanter, J. W., Baruch, D. E., & Weeks, C. E. (2010a). The Functional Analytic Psychotherapy Rating Scale: A replication and extension. *Journal of Contemporary Psychotherapy, 40*, 11-19.

Busch, A. M., Kanter, J. W., Callaghan, G. M., Baruch, D. E., Weeks, C. E., & Berlin, K. S. (2009). A micro-process analysis of functional analytic psychotherapy's mechanism of change. *Behavior Therapy, 40*, 280-290.

Busch, A. M., Manos, R. C., Rusch, L. C., Bowe, W. M., & Kanter, J. W. (2010b). FAP and behavioral activation. In J. W. Kanter, M. Tsai, & R. J. Kohlenberg (Eds.), *The practice of functional analytic psychotherapy* (pp. 65-81). New York: Springer.

Callaghan, G. M. (2006a). The Functional Idiographic Assessment Template (FIAT) system: For use with interpersonally-based interventions including Functional Analytic Psychotherapy (FAP) and FAP-enhanced treatments. *The Behavior Analyst Today, 7*, 357–398.

Callaghan, G. M. (2006b). Functional analytic psychotherapy and supervision. *International Journal of Behavioral and Consultation Therapy, 2*, 416–431.

Callaghan, G. M., Gregg, J. A., Marx, B., Kohlenberg, B. S., & Gifford, E. (2004). FACT: The utility of an integration of Functional Analytic Psychotherapy and Acceptance and Commitment Therapy to alleviate human suffering. *Psychotherapy: Theory, Research, Practice, Training, 41*, 195–207.

Clark, D. A., Beck, A. T., & Alford, B. A. (1999). *Scientific foundations of cognitive theory and therapy of depression*. New York: John Wiley.

Cordova, J. V., & Scott, R. L. (2001). Intimacy: A behavioral interpretation. *Behavior Analyst, 24*(1), 75–86.

Deikman, A. J. (1973). The meaning of everything. In R. E. Ornstein (Ed.), *The nature of human consciousness* (pp. 317–326). San Francisco, CA: Freeman.

Dichter, G., Felder, J., Petty, C., Bizzell, J., Ernst, M., & Smoski, M. J. (2009). The effects of psychotherapy on neural responses to rewards in major depression. *Biological Psychiatry, 66*(9), 886–897.

Edwards, C. E., & Murdock, N. L. (1994). Characteristics of therapist self-disclosure in the counseling process. *Journal of Counseling and Development, 72*, 384–389.

Erikson, E. (1968). *Identity, youth, and crisis*. New York: Norton.

Ethical Principles of Psychologists and Code of Conduct, 2010 Amendments (2010). Retrieved January 2, 2011, from http://www.apa.org/ethics/code/index.aspx

Feminist Code of Ethics (1999). Retrieved April 15, 2011, from http://www.chrysaliscounseling.org/Feminist_Therapy.html

Ferster, C. B. (1967). The transition from laboratory to clinic. *The*

Psychological Record, 17, 145-150.

Follette, W. C., & Callaghan, G. M. (1995). Do as I do, not as I say: A behavior-analytic approach to supervision. *Professional Psychology: Research & Practice, 26*, 413-421.

Follette, W. C., Naugle, A. E., & Callaghan, G. M. (1996). A radical behavioral understanding of the therapeutic relationship in effecting change. *Behavior Therapy, 27*(4), 623-641.

Gable, S. L., & Reis, H. T. (2006). Intimacy and the self: An iterative model of the self and close relationships. In P. Noller & J. Feeney (Eds.), *Close relationships: Functions, forms and processes* (pp. 211-225). London: Psychology Press.

Green Politics (n.d.). Retrieved March 15, 2008, from http://en.wikipedia.org/wiki/Green_movement

Gurman, A. S., Waltz, T. J., & Follette, W. C. (2010). FAP-enhanced couple therapy: Perspectives and possibilities. In J. W. Kanter, M. Tsai & R. J. Kohlenberg (Eds.), *The practice of functional analytic psychotherapy* (pp. 125-147). New York: Springer.

Haggbloom, S. J., Warnick, R., Warnick, J. E., Jones, V. K., Yarbrough, G. L., Russell, T. M., et al. (2002). The 100 most eminent psychologists of the 20th century. *Review of General Psychology, 6,* 139-152.

Hayes, S. C. (1984). Making sense of spirituality. *Behaviorism, 12*(2), 99-110.

Hayes, S. C., Barnes-Holmes, D., & Roche, B. (Eds.) (2001). *Relational frame theory: A post-Skinnerian account of human language and cognition.* New York: Kluwer Academic/Plenum Publishers.

Hayes, S. C., & Brownstein, A. J. (1986). Mentalism, behavior-behavior relations, and a behavior-analytic view of the purposes of science. *Behavior Analyst, 9*(2), 175-190.

Hayes, S. C., & Hayes, L. J. (1992). Some clinical implications of contextualistic behaviorism: The example of cognition. *Behavior Therapy, 23*(2), 225-249.

Hayes, S. C., Hayes, L. J., & Reese, H. W. (1988). Finding the philosophical core: A review of Stephen C. Pepper's world hypotheses: A study in evidence. *Journal of the Experimental Analysis of Behavior, 50*(1), 97–111.

Hayes, S. C., Strosahl, K. D., & Wilson, K. G. (1999). *Acceptance and commitment therapy: An experiential approach to behavior change.* New York: Guilford Press.

Hill, C. E., Helms, J. E., Tichenor, V., Spiegel, S. B., O'Grady, K. E., & Perry, E. S. (1988). The effects of therapist response modes in brief psychotherapy. *Journal of Counseling Psychology, 35*, 222–233.

Hoekstra, R., & Tsai, M. (2010). FAP for interpersonal process groups. In J. W. Kanter, M. Tsai, & R. J. Kohlenberg (Eds.), *The practice of functional analytic psychotherapy* (pp. 247–260). New York: Springer.

Horvath, A. O. (2001). The alliance. *Psychotherapy*, 38(4), 365-372.

Houston, M. A., Apsche, J. A., & Bass, C. K. (2007). A comprehensive literature review of Mode Deactivation Therapy. *International Journal of Behavioral Consultation and Therapy, 3*(2), 271–309.

Kanter, J. W. (2010, October). *Functional Analytic Psychotherapy* (FAP): *A micro-process approach to evaluating the mechanism of change of psychotherapy.* Invited lecture for the 2010 Australia–New Zealand ACBS (ACT & RFT) Conference, Adelaide, Australia.

Kanter, J. W., Kohlenberg, R. J., & Loftus, E. F. (2004). Experimental and psychotherapeutic demand characteristics and the cognitive therapy rationale: An analogue study. *Cognitive Therapy and Research, 28*(2), 229-239.

Kanter, J. W., Landes, S. J., Busch, A. M., Rusch, L. C., Brown, K. R., Baruch, D. E., et al. (2006). The effect of contingent reinforcement on target variables in outpatient psychotherapy for depression: A successful and unsuccessful case using functional analytic psychotherapy. *Journal of Applied Behavior Analysis, 39*, 463-467.

Kanter, J. W., Weeks, C. E., Bonow, J. T., Landes, S. J., Callaghan, G. M., & Follette, W. C. (2009). Assessment and case conceptualization. In M. Tsai, R. J. Kohlenberg, J. W. Kanter, B. Kohlenberg, W. C. Follette, & G. M. Callaghan (Eds.), *A guide to functional analytic psychotherapy: awareness, courage, love and behaviorism* (pp. 37–59). New York: Springer.

Kazantzis, N., & Lampropoulos, G. K. (2002). Reflecting on homework in psychotherapy: What can we conclude from research and experience? *Journal of Clinical Psychology, 58*, 577–585.

Knox, S., & Hill, C. E. (2003). Therapist self-disclosure: Research based suggestions for practitioners. *Journal of Clinical Psychology/In Session, 59*, 529–539.

Kohlenberg, B. S., & Callaghan, G. M. (2010). FAP and acceptance commitment therapy (ACT): Similarities, divergence, and integration. In J. W. Kanter, M. Tsai, & R. J. Kohlenberg (Eds.), *The practice of functional analytic psychotherapy* (pp. 31–46). New York: Springer.

Kohlenberg, R. J., Kanter, J. W., Bolling, M. Y., Parker, C., & Tsai, M. (2002). Enhancing cognitive therapy for depression with functional analytic psychotherapy: Treatment guidelines and empirical findings. *Cognitive and Behavioral Practice, 9*(3), 213–229.

Kohlenberg, R. J., Kanter, J. W., Tsai, M., & Weeks, C. E. (2010). FAP and cognitive behavior therapy. In J. W. Kanter, M. Tsai, & R. J. Kohlenberg (Eds.), *The practice of functional analytic psychotherapy* (pp. 11–30). New York: Springer.

Kohlenberg, R. J., Kohlenberg, B., & Tsai, M. (2009a). Intimacy. In M. Tsai, R. J. Kohlenberg, J. W. Kanter, B. Kohlenberg, W. C. Follette, & G. M. Callaghan (Eds.), *A guide to functional analytic psychotherapy: Awareness, courage, love and behaviorism* (pp. 131–144). New York: Springer.

Kohlenberg, R. J., & Tsai, M. (1991). *Functional analytic psychotherapy: Creating intense and curative therapeutic relationships.* New York: Plenum Press.

Kohlenberg, R. J., & Tsai, M. (1994). Functional analytic psychotherapy: A radical behavioral approach to treatment and integration. *Journal of Psychotherapy Integration, 4*(3), 175–201.

Kohlenberg, R. J., Tsai, M., Kanter, J. W., & Parker, C. R. (2009b). Self and mindfulness. In M. Tsai, R. J. Kohlenberg, J. W. Kanter, B.

Kohlenberg, W. C. Follette, & G. M. Callaghan (Eds.), *A guide to functional analytic psychotherapy: Awareness, courage, love and behaviorism* (pp. 103–130). New York: Springer.

Kohut, H. (1971). *The analysis of the self*. New York: International Universities Press.

Lejuez, C. W., Hopko, D. R., Acierno, R., Daughters, S. B., & Pagoto, S. L. (2011). Ten year revision of the brief behavioral activation treatment for depression: Revised treatment manual. *Behavior Modification*, 35(2), 111–161.

Linehan, M. M. (1993). *Cognitive-behavioral treatment of borderline personality disorder*. New York: Guilford Press.

Longmore, R. J., & Worrell, M. (2007). Do we need to challenge thoughts in cognitive behavior therapy? *Clinical Psychology Review, 27*(2), 173–187.

Luciano, M. (1999). Acceptance and commitment therapy (ACT) and functional analytic psychotherapy (FAP): Foundations, characteristics, and precautions. *Analysis y Modificacion de Conducta, 25*(102), 497–584.

Manos, R. C., Kanter, J. W., Rusch, L. C., Turner, L. B., Roberts, N. A., & Busch, A. M. (2009). Integrating Functional Analytic Psychotherapy and Behavioral Activation for the treatment of relationship distress. *Clinical Case Studies, 8*, 122–138.

Mansfield, A. K., & Cordova, J. V. (2007). A behavioral perspective on adult attachment style, intimacy and relationship health. In D. Woods & J. Kanter (Eds.), *Understanding behavior disorders: A contemporary behavioral perspective* (pp. 389–416). Reno: Context Press.

Martell, C. R., Dimidjian, S., & Herman-Dunn, R. (2010). *Behavioral activation for depression: A clinician's guide*. New York: Guilford.

Masterson, J. F. (1985). *The real self*. New York: Brunner/Mazel.

Mehta, S., & Farina, A. (1997). Is being "sick" really better? Effect of the disease view of mental disorders on stigma. *Journal of Social and Clinical Psychology, 16*, 405–419.

Meyer, B., & Pilkonis, P. A. (2001). Attachment style. *Psychotherapy,*

38(4), 466–472.

Milne, D., & James, I. (2000). A systematic review of effective cognitive-behavioral therapies: Similarities and differences. *Journal of Cognitive Psychotherapy, 12,* 95–108.

Nichols, M. P., & Efran, J. (1985). Catharsis in psychotherapy: a new perspective. *Psychotherapy: Theory, Research and Practice, 22*(1), 46–58.

Pielage, S. B., Luteijn, F., & Arrindell, W. A. (2005). Adult attachment, intimacy and psychological distress in a clinical and community sample. *Clinical Psychology & Psychotherapy, 12*(6), 455–464.

Read, J., & Harre, N. (2001). The role of biological and genetic causal beliefs in the stigmatization of "mental patients". *Journal of Mental Health, 10,* 223-236.

Rogers, C. R. (1961). *On becoming a person.* Boston: Houghton Mifflin.

Rosenfarb, I. S. (2010). FAP and psychodynamic therapies. In J. W. Kanter, M. Tsai, & R. J. Kohlenberg (Eds.), *The practice of functional analytic psychotherapy* (pp. 83–95). New York: Springer.

Russell, R., & Wells, P. A. (1994). Predictors of happiness in married couples. *Personality and Individual Differences, 17*(3), 313–321.

Safran, J. D., & Muran, J. C. (2001). A relational approach to training and supervision in cognitive psychotherapy. *Journal of Cognitive Psychotherapy, 15,* 3–15.

Shapiro, J. L. (1987). Message from the masters on breaking old ground? The Evolution of Psychotherapy Conference. *Psychotherapy in Private Practice, 5*(3), 65–72.

Sharpley, C. F. (2010). A review of the neurobiological effects of psychotherapy for depression. *Psychotherapy: Theory, Research, Practice, Training, 47*(4), 603–615.

Skinner, B. F. (1953). *Science and human behavior.* New York: Macmillan.

Skinner, B. F. (1957). *Verbal behavior.* East Norwalk, CT: Appleton-Century-Crofts.

Skinner, B. F. (1974). *About behaviorism.* New York: Knopf.

Skinner, B. F. (1976). *Walden* two. New Jersey: Prentice Hall. (Original work published 1948.)

Truax, C. B. (1966). Reinforcement and nonreinforcement in Rogerian psychotherapy. *Journal of Abnormal Psychology*, 71(1), 1–9.

Tsai, M., Callaghan, G. M., Kohlenberg, R. J., Follette, W. C., & Darrow, S. M. (2009a). Supervision and therapist self-development. In M. Tsai, R. J. Kohlenberg, J. W. Kanter, B. Kohlenberg, W. C. Follette, & G. M. Callaghan (Eds.), *A guide to functional analytic psychotherapy: Awareness, courage, love and behaviorism* (pp. 167–198). New York: Springer.

Tsai, M., Kohlenberg, R. J., Bolling, M. Y., & Terry, C. (2009b). Values in therapy and Green FAP. In M. Tsai, R. J. Kohlenberg, J. W. Kanter, B. Kohlenberg, W. C. Follette, & G. M. Callaghan (Eds.), *A guide to functional analytic psychotherapy: Awareness, courage, love and behaviorism.* (pp. 199–212). New York: Springer.

Tsai, M., Kohlenberg, R. J., Kanter, J. W., Kohlenberg, B., Follette, W. C., & Callaghan, G. M. (2009c). *A guide to functional analytic psychotherapy: Awareness, courage, love and behaviorism.* New York: Springer.

Tsai, M., Kohlenberg, R. J., Kanter, J. W., & Waltz, J. (2009d). Therapeutic techniques: The five rules. In M. Tsai, R. J. Kohlenberg, J. W. Kanter, B. Kohlenberg, W. C. Follette, & G. M. Callaghan (Eds.), *A guide to functional analytic psychotherapy: Awareness, courage, love and behaviorism* (pp. 61–102). New York: Springer.

Tsai, M., Plummer, M., Kanter, J., Newring, R., & Kohlenberg, R. (2010). Therapist grief and Functional Analytic Psychotherapy: Strategic self-disclosure of personal loss. *Journal of Contemporary Psychotherapy, 40*(1), 1–10.

Vandenberghe, L., Tsai, M., Valero, L., Ferro, R., Kerbauy, R., Wielenska, R., et al. (2010). Transcultural FAP. In J. W. Kanter, M. Tsai & R. J. Kohlenberg (Eds.), *The practice of functional analytic psychotherapy.* (pp. 173–185). New York: Springer.

Van Orden, K., Wingate, L. R., Gordon, K. H., & Joiner, T. E. (2005).

Interpersonal factors as vulnerability to psychopathology over the life course. In B. L. Hankin & J. R. Z. Abela (Eds.), *Development of psychopathology: A vulnerability-stress perspective* (pp. 136–160). Thousand Oaks, CA: Sage Publications.

Waltz, J., Landes, S. J., & Holman, G. I. (2010). FAP and dialectical behavior therapy (DBT). In J. W. Kanter, M. Tsai, & R. J. Kohlenberg (Eds.), *The practice of functional analytic psychotherapy* (pp. 47–64). New York: Springer.

Watkins, C. E., Jr (1990). The effects of counselor self-disclosure: A research review. *The Counseling Psychologist, 18*, 477–500.

Watson, J. B. (1930). *Behaviorism* (revised edition). Chicago, IL: University of Chicago Press.

찾아보기

▌인 명▌

B

Beck, A. T. 175

Bowlby, J. 076

Brown, B 196, 197

C

Cordova, J. V. 078,

F

Ferster, C. S. 026

H

Hayes, S. C. 030

K

Kohlenberg, R. J. 024

Kanter, J. W. 111

M

Muran, J. C. 184

R

Rogers, C. R. 098, 139

S

Safran, J. D. 184

Shapiro, J. L. 026

Skinner, B. F. 028, 030, 037, 082

Scott. R. L. 078

Sharpley, C. F. 080

T

Tasi, M 024

W

Watson, J. E. 029

▌내 용▌

A

ABAI(국제 행동분석협회) 028

APA 윤리 지침 188

T

T1(회기 내 치료자의 문제행동) 113

T2(회기 내 치료자의 목표행동) 113

저자 소개

마비스 차이(Mavis Tsai)
워싱턴 대학에서 교육과 연구를 담당하고 있으며, 같은 대학 내 기능분석치료 전문 클리닉의 책임자이자 직접 치료를 수행하는 심리학자이다.

로버트 콜렌버그(Robert J. Kohlenberg)
워싱턴 대학에서 임상 수련 책임자를 역임했으며, 같은 대학의 심리학과 교수이다.

조나단 캔터(Jonathan W. Kanter)
위스콘신-밀워키 대학의 심리학과 부교수이자 임상 관련 책임자로 일하고 있으며, 같은 대학의 중독행동 건강센터에서 연구원으로 재직 중이다.

개러스 홀만(Gareth I. Holman)
워싱턴 대학 밥 콜렌버그 교수의 마지막 대학원 제자였으며, 같은 대학에서 기능분석치료와 변증법적 행동치료를 수련했다. 현재 워싱턴 주 시애틀에 있는 증거기반치료 협회에서 박사 후 선임연구원으로 재직 중이며, 그곳에서 치료자 수련 및 증거기반치료의 여러 개입법에 대한 연구를 수행하고 있다. 워싱턴 대학과 그 밖의 곳에서 기능분석치료 수련에 지속적으로 참여하고 있다.

매리 플러머 러든(Mary Plummer Loudon)
개인 치료를 수행하는 임상심리학자이며, 워싱턴 대학의 기능분석치료 클리닉에서 슈퍼바이저로 재직 중이다.

역자 소개

하승수(Ha, Seung-Soo)
서울대학교 심리학과 학사, 석사, 박사(임상 · 상담심리학 전공)
University of Texas at Austin 석사(임상심리학 전공)
서울대학교병원 신경정신과 임상심리레지던트 수련
현 한양사이버대학교 상담심리학과 교수
　사람과 사람 심리상담연구소 자문교수
　임상심리전문가(한국임상심리학회)

기능분석치료
Functional Analytic Psychotherapy

2018년 11월 1일 1판 1쇄 인쇄
2018년 11월 15일 1판 1쇄 발행

지은이•Mavis Tsai · Robert J. Kohlenberg · Jonathan
    W. Kauter · Gareth I. Holman · Mary P. Loudon
옮긴이•하승수
펴낸이•김진환
펴낸곳•(주)학지사

    04031 서울특별시 마포구 양화로 15길 20 마인드월드빌딩
대표전화•02)330-5114   팩스•02)324-2345
등록번호•제313-2006-000265호

홈페이지•http://www.hakjisa.co.kr
페이스북•https://www.facebook.com/hakjisabook

ISBN 978-89-997-1676-8 93180

정가 13,000원

이 도서의 국립중앙도서관 출판시도서목록(CIP)은 서지정보유통지
원시스템 홈페이지(http://seoji.nl.go.kr)와 국가자료공동목록시스템
(http://www.nl.go.kr/kolisnet)에서 이용하실 수 있습니다.
(CIP 제어번호: CIP2018033475)

교육문화출판미디어그룹 학지사

심리검사연구소 인싸이트 www.inpsyt.co.kr
원격교육연수원 카운피아 www.counpia.com
학술논문서비스 뉴논문 www.newnonmun.com
간호보건의학출판 학지사메디컬 www.hakjisamd.co.kr